サンティアゴ巡礼の道

Camino de Santiago

檀ふみ　池田宗弘　五十嵐見鳥　ほか

とんぼの本

新潮社

サンティアゴ巡礼の道

檀ふみ　池田宗弘　五十嵐見鳥　ほか

C O N T E N T S

目次

巡礼路の中間点を過ぎたあたり。
サアグンの村近くで、
突然、雲の間から
光が差し込んできた。

星の野原の巡礼路

Camino de Santiago

芸術新潮編集部［編］ 撮影 野中昭夫

サンティアゴ・デ・コンポステラ。日本語に訳せば〝星の野原の聖ヤコブ〟――。

イベリア半島の西のはずれに位置するこの都市は、キリスト教の三大巡礼地のひとつである。キリストの直弟子・十二使徒のひとり、聖ヤコブの亡骸が眠る地だ。最盛期には年間五十万人もの人々が、ヨーロッパ中から、この地をめざした。

伝説によれば、スペインで布教した聖ヤコブは、紀元四四年頃、エルサレムに戻って殉教した。が、その亡骸は、舟に乗せられ、風まかせの航海の末、スペインのガリシア地方に流れ着いたという。そして長い長い歳月を経た九世紀のはじめ頃になって、なんと、この地で聖ヤコブの墓が〝発見〟

されたのだ！　当時イベリア半島の大半はイスラム勢力に占拠されていた。キリスト教世界は、この墓の発見により、俄然色めきたった。イスラム勢への橋頭堡を確保する絶好のチャンスが到来したのだ。以来、巡礼路はめざましい発展をとげた。

この道を辿れば、いまも中世さながらの世界が広がり、教会はロマネスク美術の傑作に荘厳されている。景色は雄大にして、美しくも苛酷な自然がある。美味しいワインと料理もたっぷり。スペインには、まるでタイムスリップしたかのような手つかずの魅力的な旅路がまだ残っていたのだ！

ROLDAN
778 1967

●イバニェタ峠

Puerto de Ibañeta

星の野原の巡礼路——I

海抜1,057メートルからの出発

ピレネー山脈の山中は、かつて巡礼たちが命懸けで歩いたといういちばんの難所だ。ピレネーを越えるルートは二つ。ひとつ目のルートは、海抜1057メートルのイバニェタ峠を越えていく。8世紀、カール大帝とバスク軍との激戦は、この峠付近でくりひろげられた。峠には、その戦闘をもとにした叙事詩で称えられるローランの碑が建っている（ただし現在、剣のオブジェはない。106頁参照）。サンティアゴ巡礼路とは、イベリア半島を巡るイスラム教徒との果てしない領土争いのなかで、キリスト教徒たちを精神的に支えた道でもあった。

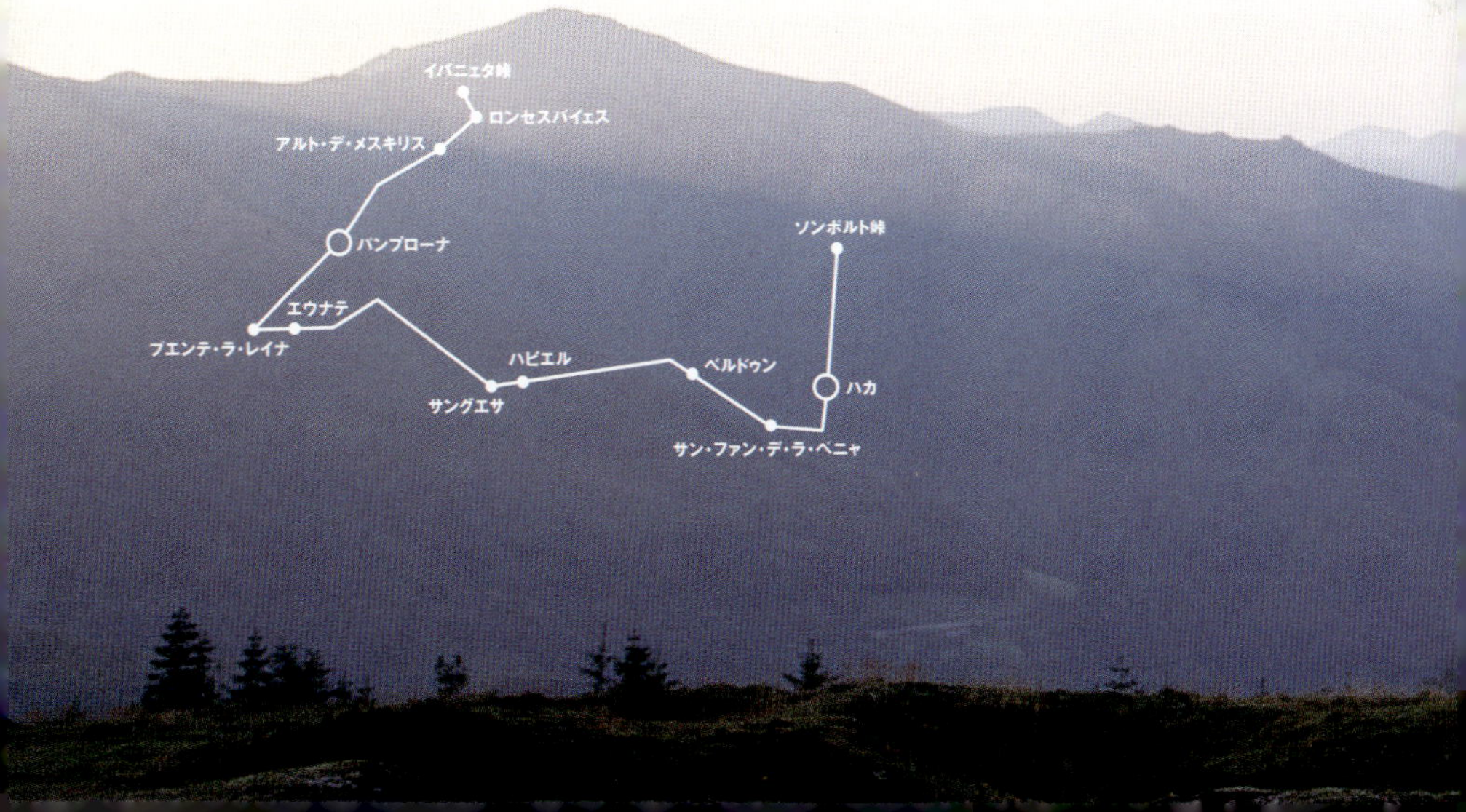

●ロンセスバイェス〜アルト・デ・メスキリス

Roncesvalles — Alto de Mezquiriz

励ます十字架、導く帆立貝

長い長い道のりを巡礼たちは何を頼りに歩いたのか。たとえばイバニェタ峠のサン・サルバドール隠修堂では、巡礼が遭難しないようにと、日暮れから夜中まで毎日鐘を鳴らし続けたという。危険なピレネーの山間では、道筋から外れることは命とりとなりかねなかった。そんな道中、巡礼たちを励まし導いたのは、道標がわりの十字架だった。人けのない沿道や道の分岐点、村の入り口にそっと立つ十字架たち。

それに対して現代の巡礼路では、鮮やかな青地に帆立貝をデザイン化した標識、簡素なペンキの矢印などが行き先を示す。案内書や地図が増えた現代でも、道標こそ巡礼の頼もしい案内役なのだ。このイバニェタ峠からの道は、牛追い祭りで名高い町パンプローナを通過し、二つのルートの合流点プエンテ・ラ・レイナへと向かってゆく。

[左4点] 十字架や矢印などのさまざまな道標が巡礼を導く。
[右下] 巡礼路の一部が私有地になっているところもあるが、徒歩で巡礼する人々のために、鉄条網を乗り越えて進めるよう木の梯子がかけられていた。

サン・サルバドール教会脇には巡礼が立てた十字架が……。

San Juan de la Peña

デ・ラ・ペニャ

もうひとつの山越え

もうひとつのピレネー越えのルートは、ソンポルト峠から。峠を越え、中世から栄えてきた町ハカを過ぎて、サン・ファン・デ・ラ・ペニャの山中からピレネーを望んだ。はるか彼方に見える白い山並みがピレネー山脈。この雄大な姿を見れば、この山の道中がいかに苛酷なものであったのかが想像できるだろう。

[上]修道院の回廊の柱頭には
見事なロマネスク彫刻が！
[左頁]岩に圧し潰されそうに
修道院は建っている。

岩の下にも1100年

San Juan de la Peña

●サン・ファン・デ・ラ・ペニャ

つづら折りの山道を登ると、岩盤に圧し潰されるようにしてサン・ファン・デ・ラ・ペニャ修道院が建っていた。天井を見上げると、それは巨大なる岩！

この山中の洞窟では、古くから隠修者たちが祈りと瞑想にふけっていた。八〜九世紀にかけて、イスラム勢力はピレネー一帯を制圧したが、サン・ファン・デ・ラ・ペニャの山中は、キリスト教徒たちの重要な避難所となった。僧たちが続々とこの地に移住し、修道院が建立されたのは十世紀のこと。十一世紀には拡張工事が行われて、二層の聖堂が造られ、岩のテラスには回廊が設けられた。

今でこそ廃墟となり果ててしまっているが、この小さな修道院が、キリスト教徒たちにとっては、重要な信仰のシンボル的存在になっていたのである。

●ベルドゥン～ハビエル

Berdún — Javier

桃源郷の村、F・ザビエルの城

道の彼方にベルドゥンの村が見えてきた。小高い丘の上に教会や民家がへばりついている。まるで桃源郷のよう。思わずため息が出てしまうような可愛らしい村だ。

さらに二十キロほど歩を進めると、荒野のなかに、小ぢんまりとした城が建っていた。その名は、ハビエル城。日本にキリスト教を伝えた聖人フランシスコ・ザビエルが生まれ育った城だ。

ザビエルは、一五〇六年の生まれ。少年時代は、ハビエル城の教会の司祭たちのもとで勉学に励んだという。その後、学問の道を志してパリ大学へ進むが、友人の影響で宣教師の道を選ぶことになった。そして一五四九年に来日。わずか二年の間に五百人もの日本人クリスチャンを誕生させたのである。

[右頁] 日本にキリスト教を伝えたザビエルの城（2点とも）。
[左頁] 愛らしい村ベルドゥン。

●サングエサ

Sangüesa

教会の名物はユダの首吊り

巡礼路の一番の見ものは、何といってもスペイン・ロマネスク彫刻。沿道は小さな村々の教会にいたるまでロマネスク彫刻の一大宝庫だ。

ハビエル城から数キロ先にあるサングエサの町は、十一世紀以来、アラゴン川にかかる橋を護り、巡礼の通行を助けることで急速に発展した典型的な宿駅のひとつ。それだけにこの町のサンタ・マリア・ラ・レアル教会には、ロマネスクの見事な彫刻が残っている。

なかでも扉口の脇に立つ円柱人像「首吊りのユダ」は、裏切り者ユダの自殺を、首を吊った姿そのままで表現した珍しい像だ［左頁］。右からそれぞれ自殺したユダ、聖パウロ、聖ペテロである。

教会の扉口上部の壁面には、「最後の審判」のレリーフもある。

［右頁］サングエサのサンタ・マリア教会は13世紀に完成した。これは南側外観。
［左頁］扉口の円柱人像「首吊りのユダ」。

Eunate

●エウナテ

麦畑の陽気な巡礼

二つのルートの合流地点プエンテ・ラ・レイナまで、あと一息。エウナテの麦畑の中に建つ小さなサンタ・マリア教会は、かつては行き倒れた巡礼たちの供養をしていた聖墳墓教会だったという。しかし、現代の巡礼たちはというと、トレッキング風のスタイルで、いかにも陽気だ。

10年ぶりの巡礼路❶

旅の始まりは大雨だった

池田宗弘

Munehiro Ikeda

**巡礼の道に取り憑かれ、800キロにも及ぶ全行程を壮大な絵図に描き上げた人がいる。

真鍮鍛造の彫刻家・池田宗弘さん。

池田さんは、83年から1年間、文化庁の在外研修員としてスペインに赴き、
巡礼路沿いのロマネスク彫刻の研究に明け暮れた。

そしてついに《巡礼の道絵巻》を完成させたのは、その12年後のことだった。**

池田さんと《巡礼の道絵巻》。
右は池田さんの作品である
《夜も眠らず本を読む》。

八三年十一月、私はロマネスク美術の勉強のためにスペインに向かった。そして二度にわたって巡礼路を歩いた。その時に、沿道のたくさんの人から受けた厚情はいまも忘れられない。《巡礼の道絵巻》を描こうと思ったのも、ひとつには彼らに対するお礼の気持ちからだった。絵巻は、十二年がかりで完成した。そして、その本をサンティアゴの大聖堂へ奉納することにしたのだが、私はその前にお世話になった人々にもぜひ見てほしいと思った。で、九六年の夏、十キロ近い重さの本を肩に巡礼の道を歩くことにしたのである。

旅の出発点は、フランス・スペイン国境の村アドゥアナ・アルネギィ。ちょうど前日の七月二十五日は聖ヤコブの祭日で、夜遅くまで続いたお祭騒ぎの疲れか、朝九時だというのに村は寝静まっていた。私が訪ねるアグスティン・バレンシアさんの家は、国境の柵から二十メートルほどの所にある。国境といっても実は羊の放牧地を囲い込む柵で、この村の羊たちは国籍はスペインでも、フランスの草を食んでいるのだ。その十年前

《巡礼の道絵巻》より、ソンポルト峠の風景。絵巻は403頁にもおよぶ。

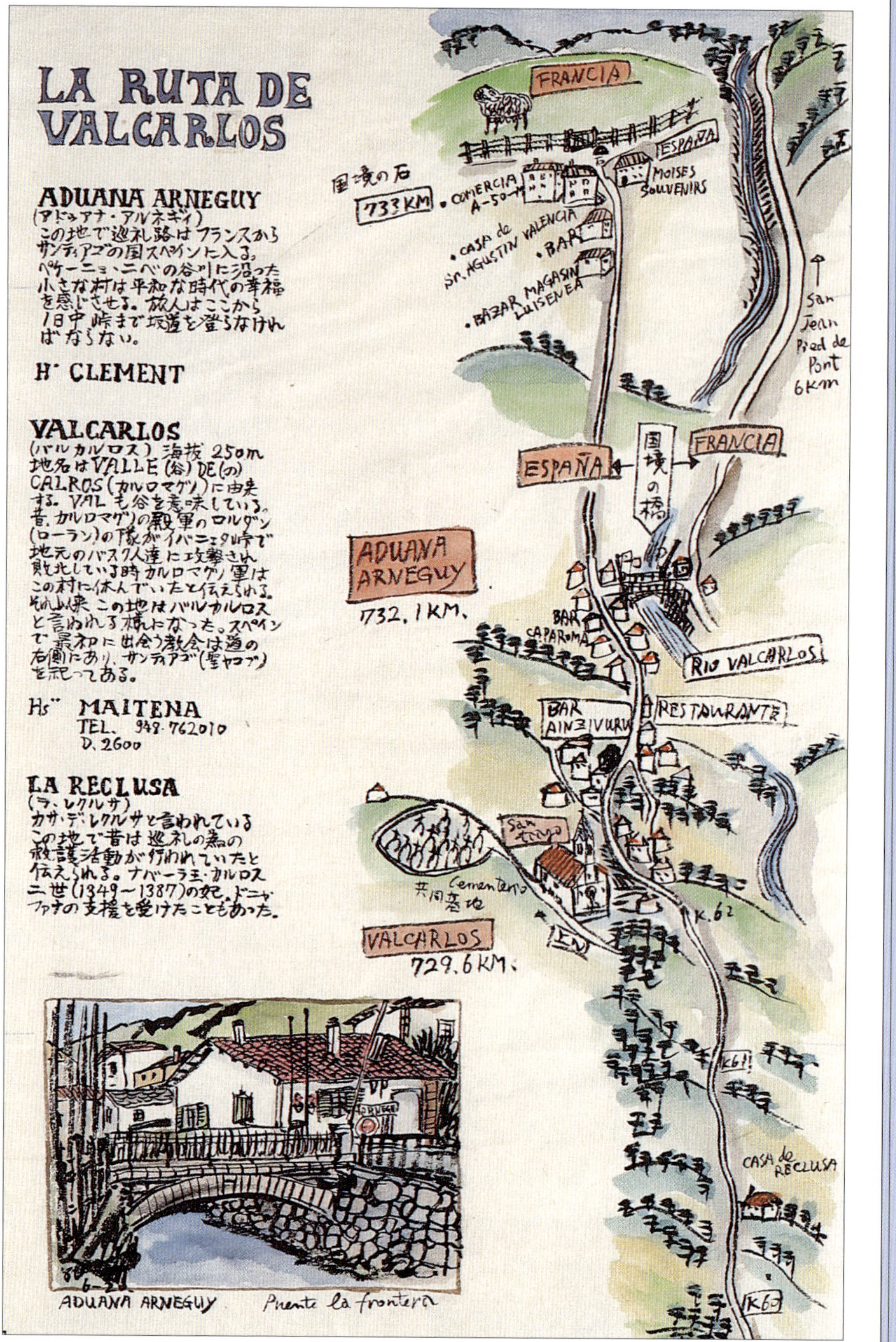

フランスとスペインの国境付近。96年、池田さんはここから出発。

軽快な足取りの池田さん。
歩きやすい靴が何より大事。
撮影 野中昭夫（20頁も）

も、私はここ、アグスティンの家で食事をいただき、そして旅のスタートを切ったのだった。久しぶりの再会を済ませ、さあ出発という時、大降りの雨に見舞われた。それを見て、アグスティンは赤いポンチョを私にくれてよこした。私がこの大雨の中、休憩する店一軒ない山道をイバニェタ峠まで十八キロにわたってひたすら登り続けねばならないことを知っているからだ。

峠をめざす途中、雨はいよいよ強く雷も鳴りだした。ポンチョの中は汗まみれ、膝から下は雨水と泥とでグショグショ。巡礼の道中にはこんな日もあるさと思う一方、「なぜ、こんな思いをしてまで……」という疑問が湧いてくる。（本を大聖堂に奉納するのなら飛行機で行けばいい）「本の完成を世話になった人たちと喜び合いたいのだ」（車で行けばよかろう）「巡礼の道は巡礼者と同様に歩かなければ意味がない」（その意味とはなんだ）「……」。頭の中でそんな堂々巡りが始まる。峠をやっと過ぎ宿まで少しという所で、今度は足の筋肉が硬直し始める。結局、初日が道中で一番辛い日になった。

この日ほどではないにしろ、一カ月近い道中には、歩くのに疲れ、気力だけで持っているという時もある。そんな時、見知らぬ巡礼たちがかけてくれる声ほど良い薬はない。「オラ！（やあ！）」「ブエン・ビアへ（良い旅を）」。山道で前を行く人の足取りが重いようなら、「アニモ、アニモ！（がんばれ、がんばれ！）」と励ましながら追い抜いていく。ごく短い言葉のやり取りだが、悪天候や照りつける真夏の日差し、足のマメや筋肉疲労と闘いながら聖地をめざす者だけが共有する、万感の思いが込められているのだ。巡礼者への声援が、自動車から送られることもある。長距離トラックの運転手がよくやるのだが、クラクションを鳴らし窓から手を振ってくれるのだ。疲れて歯を食いしばりつつ歩いている者には、本当にこれだけで涙がでてくるものだ。

●プエンテ・ラ・レイナ

Puente la Reina

星の野原の巡礼路——Ⅱ

ロマネスク街道を行く

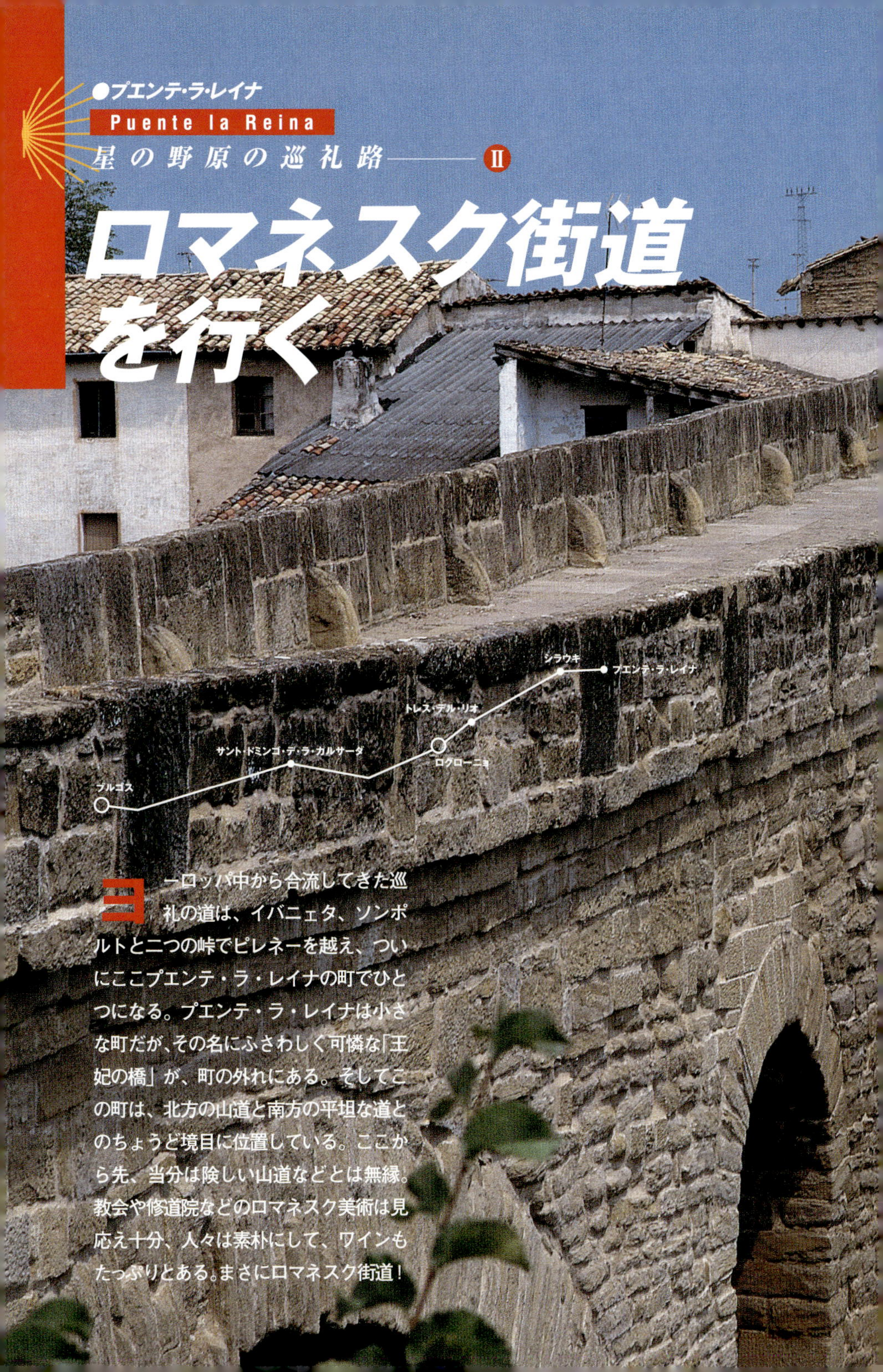

ヨーロッパ中から合流してきた巡礼の道は、イバニェタ、ソンポルトと二つの峠でピレネーを越え、ついにここプエンテ・ラ・レイナの町でひとつになる。プエンテ・ラ・レイナは小さな町だが、その名にふさわしく可憐な「王妃の橋」が、町の外れにある。そしてこの町は、北方の山道と南方の平坦な道とのちょうど境目に位置している。ここから先、当分は険しい山道などとは無縁。教会や修道院などのロマネスク美術は見応え十分、人々は素朴にして、ワインもたっぷりとある。まさにロマネスク街道!

●プエンテ・ラ・レイナ〜シラウキ

Puente la Reina—Cirauqui

巡礼路沿いの美橋たち

中世の寺なら日本にもいくつも残っているが、橋となるとあまり聞いたことがない。その点、スペイン巡礼路沿いでは「中世の橋あり」なんて案内をよく見かけて羨ましい限りだ。多くは現役で、中には自動車が通行している橋さえある。

プエンテ・ラ・レイナの町を流れるアルガ川には、町の名の由来ともなった「王妃の橋」がかかる。巡礼者が増え、堅牢な橋が必要になった十一世紀、この地の領主の妃によって建造されたという。ほのかに赤みがかった肌合いを見せ、中世の雰囲気を色濃く残している。水面に影を落とす姿はいかにも美しい。

その数キロ先、シラウキの村には古代ローマ時代のアーチ橋の名残が今も残っている。その前後に続く石畳も、ローマ時代の遺構である。

[下]水面に影を落とす「王妃の橋」。
なんとも美しい！
[左頁]シラウキの村には
ローマ時代のアーチ橋の名残がある。

ロマネスクの質実剛健

●トレス・デル・リオ

Torres del Rio

プエンテ・ラ・レイナから約50キロ、小さな村トレス・デル・リオの聖墳墓教会。その内部は、半円形の後陣にキリスト像を祀るだけの簡素極まる空間だった。梁が美しく交差する八角形の天井の明かり取りからは、淡く外光が注いでいる[左頁]。この教会の窓には、ガラスならぬ大理石(!)の薄板が嵌めてあるのだ。

●サント・ドミンゴ・デ・ラ・カルサーダ

Santo Domingo de la Calzada

扉を開けばコケコッコー！

大都市ログローニョとブルゴスのちょうど中間あたりに位置するサント・ドミンゴ・デ・ラ・カルサーダ。ここの大聖堂ではゴシック時代のゴージャスな壁龕の中に、なぜか雌雄一対の生きた鶏が大切に飼われている。

西欧では、いくつもの都市に、さまざまなバージョンで聖人伝説が伝えられているが、それがこの町では、鶏と聖ドミンゴの奇跡の物語として語り継がれている（102～103頁参照）。二羽の鶏は、いわば、〝生きた記念物〟なのだ。

聖ドミンゴは実在の人物で、十一世紀、この地で隠者暮しをしつつ、巡礼者のために、多くの道路や橋、教会や救護院を整備した。サント・ドミンゴ・デ・ラ・カルサーダとは、「道路の聖ドミンゴ」という意味なのである。

[左頁] 大聖堂内部の鶏小屋には生きた鶏が！
[右上] 2羽の鶏を従える聖ドミンゴ像。
[上] 大聖堂の鐘楼はバロック建築。
[右下]「サン・フェリセス礼拝堂」は、麦畑のなかで朽ちかけ廃墟となっていた。

巡礼の飲と食❶

リオハのワイン

La Rioja

パンプローナからログローニョへ、巡礼路はリオハ地区を縦断していく。このリオハ地区の名産といえば、なんといってもワイン。世界にその名をとどろかすスペイン高級ワインの一大産地なのである。

スペインは、フランス、イタリアと共に世界三大ワイン生産国の一つに数えられている。ワイン作りの歴史は古く、その伝統は三千年以上にもおよぶ。五十七カ所以上の生産地からとれるワインは、多種多様にして、品質水準も高い。

そんなスペインのワインのなかでも、リオハの赤ワインは最高級に位置づけられている（リオハワインのうち、約八〇パーセントは赤ワイン）。

では、その味の特徴を表現するとすれば……〝華やかさ〟という言葉がいちばん適切だろうか。

リオハ地区のブドウ畑とワイン蔵。
この地から世界中に
高級赤ワインが輸出されている。
撮影　菅原千代志（～35頁6点）

Viego de Almagro
GRAN RESERVA
1991
Marqués de Cáceres
RIOJA
Beronia
GRAN RESERVA
1991
RIOJA
La Rioja Alta S.A.
VIÑA ALBERDI
RIOJA
RESERVA 199
Castillo Ygay
Rioja
Gran Reserva Especial

Campo Viejo
Vino de Crianza
RIOJA

［上］手前はこってりとした味の
仔羊のチリンドロンソース。
［右頁下］左の料理はメルルーサ。
［右頁上］リオハの赤ワイン。撮影　菅野健児

巡礼の飲と食❶

リオハのワイン

La Rioja

恵まれた日照条件。昼と夜の大きな温度差。リオハのブドウは、広大な土地で、太陽の日射しをたっぷりと浴びて贅沢に育つ。リオハの赤ワインには、その酸味と果実味が濃縮されている。

ここに選んだ五本の赤ワイン［右頁上］は、どれも酸味とタンニンの力強い味わいが印象深く、スケールの大きさを感じさせてくれるものだ。

華やかなリオハのワインは、しっかりとした味のソースと相性がいい。ナバラ地区の代表的なソースであるチリンドロンソース（何種類もの野菜を煮込んだもの）の濃厚な味わいともピッタリ。醤油味の料理など、日本の味とも合わせやすいワインなのである。

取材・撮影協力◆積本修二（ミスター・スタンプス・ワインガーデン　03-3479-1390）
テキスト◆編集部

●ブルゴス

Burgos

星の野原の巡礼路──Ⅲ

ゴシックの尖塔聳える大都会より

中世にはカスティーヤ・レオン統一王国の首都として栄えたブルゴスは、人口20万人弱の都市。小さな町や村がつづくスペイン巡礼路沿いでは、パンプローナやレオンと共に、際立った大都会のひとつだ。このブルゴスのなかで、怪物のごとく、あたりを圧して聳え立つゴシック様式の大聖堂は、13〜16世紀にかけて建てられ、スペイン三大カテドラルのひとつに数えられている。巡礼路は、ここから先もずっと平坦な道が続く。歩きやすいが、その反面、倦みやすいところでもある。大都市で気分を一新して、次なる一歩を踏み出していこう。

Santo Domingo de Silos

●サント・ドミンゴ・デ・シロス

〝グレゴリアン・チャント〟が響く

ブルゴスからいったん巡礼路を離れ、南へ寄り道。その先にあるのは、サント・ドミンゴ・デ・シロス修道院。『グレゴリアン・チャント』という大ヒットしたCDのなかで幽玄な歌声を響かせていたのは、この修道院の修道士たち。ここの回廊は世界一美しいともいわれる。軽快で瀟洒な空間。まるで中世を閉じこめたかのようだ。

[上] 修道院の外観。
[左] 柱頭には幻想的な植物文や動物寓話が刻まれている。

修道院と向日葵と

●サント・ドミンゴ・デ・シロス～レトエルタ

Santo Domingo de Silos—Retuerta

サント・ドミンゴ・デ・シロス修道院の歴史は六世紀にまでさかのぼる。今日の姿になったのは、十一世紀の聖ドミンゴの活躍によってである。十九世紀には一時放棄され、寺宝を流出させたりもした。が、ブルゴスから南東約六十キロの山中という辺鄙な場所にあったのが幸いしてか、建物のほうは、いにしえの面影を良く残している。特に修道士たちの瞑想の場である回廊は、円柱とアーチの繊細な連なり、どこか東洋風の華やぎを伝える柱頭彫刻や天井画、聖書の名場面を静謐な造形に封じたレリーフ群——これらが渾然となって、世界一美しいとさえいわれるほどの清らかな空間を生み出しているのである。

一方、ここを出て少し歩いたレトエルタには、一面に向日葵の畑が広がっていた。これぞスペイン！

［上］同修道院の中庭。
［左］木造の格天井には
ムデハル様式の華麗な彩色画が。
［下］レトエルタの向日葵畑。

●コンベント・デ・サン・アントン〜カストロヘリス

Convento de San Anton — Castrojeriz

焼けつく日射し、平原の道

強い日射しの中、並木道の木陰で、夫婦連れの巡礼が休んでいた。ブルゴスから30キロ余り。中世の修道院の不気味な廃墟が残るコンベント・デ・サン・アントンを過ぎて、道は、かつてイスラム教徒が残した古城の町カストロヘリスへと近づいてゆく。

10年ぶりの巡礼路❷

変わった風景、変わらぬ人々

池田宗弘
Munehiro Ikeda

巡礼が携える弁当は「ボカディーリョ」と決まっている。フランスパンを縦に切り、自分の好みのネタ（豚の腿肉の生ハム、オムレツ、チーズなど）を挟んだもの。それに水と、人によっては果物少々を買って歩きはじめる。私は一日に一度はテーブルにつき、落ちついて食事をすることにしていたが、そんな時には、やはりビールと、少し塩分が多めのツマミが欲しくなる。生ハムやチーズ、チョリソはどこで注文しても失望したことはないが、加えて、その土地土地においしいツマミがある。ナバラ地方では、オリーヴの実と青トウガラシ、塩漬けのイワシを楊枝に通したもの。リオハ県では、豚の耳のぶつ切りをニンニクと香草で炒めたツマミが、コリッとして美味かった。そして忘れてはならないのがガリシア地方の豊富な海の幸。バカ貝の小さいのを強火でいっきに蒸しあげたものなどは、日本人には忘れがたい味だ。こうした料理の味わいは、沿道の人々のひと懐っこさ親切さとともに、いまも昔も変わらない。

十年ぶりに巡礼の道を歩いてみて、変わったことといえば、道が〝歩きやすくなった〟ことだった。かつては樹木が不気味に生い茂って気味が悪かった廃村が、今は見通しの良い野原になっていたり、私有地を囲いこむ鉄条網で分断されていた山越えの道が歩行者のために再整備されていたり……。とりわけ全ルートに巡礼の象徴「帆立貝」をあしらった共通の標識が設置され、分岐点や自動車道と交

一日の行程を終えた池田さん。
帽子と水も巡礼の必需品。
撮影 野中昭夫（47頁も）

14-9-1984. OBANOS
OBANOS
(オバノス)
丘の上の この村で ソムポルト峠からの旧道と
ロンセスバジェス を通って来た旧道 とが合流する。
今は自動車道路を基準にするので この先にある
鉄製の巡礼の姿の彫刻の立っている所が 二つの
街道が合流する地点だ 思われています。しかし
それは おかしなことだ。
1984. 9.14.
OBANOS ERMITA S. SALVADOR
下ル
上ル
共同墓地
cementerio
OBANOS
650.1KM.
コスモスの花
Ayuntamiento
役場
HS "
«ARNOTEGUI»
TEL 340153
SAN JUAN
教会
ペロタパルク
球技場
民家
民家
ERMITA
SAN SALVADOR
ココデ 2本の巡礼路ハ
1本トナリ, 聖地サンティアゴ・デ・
コムポステーラニ 続ク。
K12

巡礼の道の合流点。プエンテ・ラ・レイナの手前で一本になる。

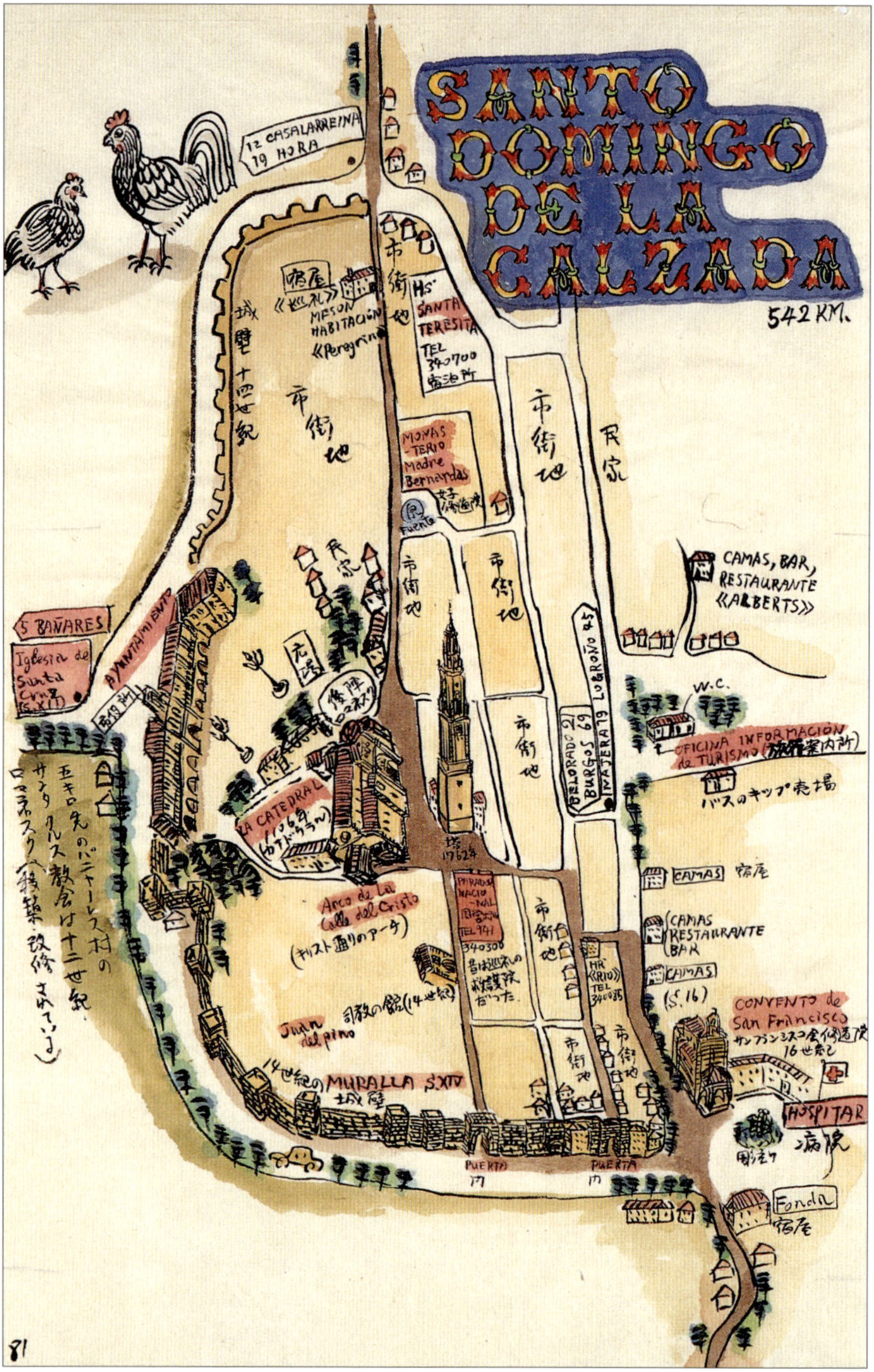

サント・ドミンゴ・デ・ラ・カルサーダ。詳細な描き込みに注目。

差するところでも、迷わず歩けるようになっていたのはありがたいことだった。その反面、山を削り谷を埋めて新しい自動車道を造ったために、古い巡礼の道が寸断され、徒歩の巡礼たちが何キロも迂回させられる、という困ったことが起きているのも事実だが……。

　実用的なガイドブックもほとんどなかった八〇年代半ばには、ようやくたどりついた村が廃村だったり、朝から夕方まで食べ物を調達できる場所がなかったりと、一日一日が緊張の連続だった。だが、昔は何もなかったところに巡礼者のための救護所が新設されているのを、いくつも見かけた。廃村の続く山中で飲料や食べ物を提供する小さい施設もあれば、百人近くが泊まれる所も出来た。こうした救護所はピレネーの峠から聖地まで歩行者の一日の行程に合わせた位置にある。そのほか、有料では修道院の中にパラドール（国営の高級ホテル）並の宿泊設備ができていたりと、巡礼の宿泊事情は以前よりずいぶん良くなったように思う。

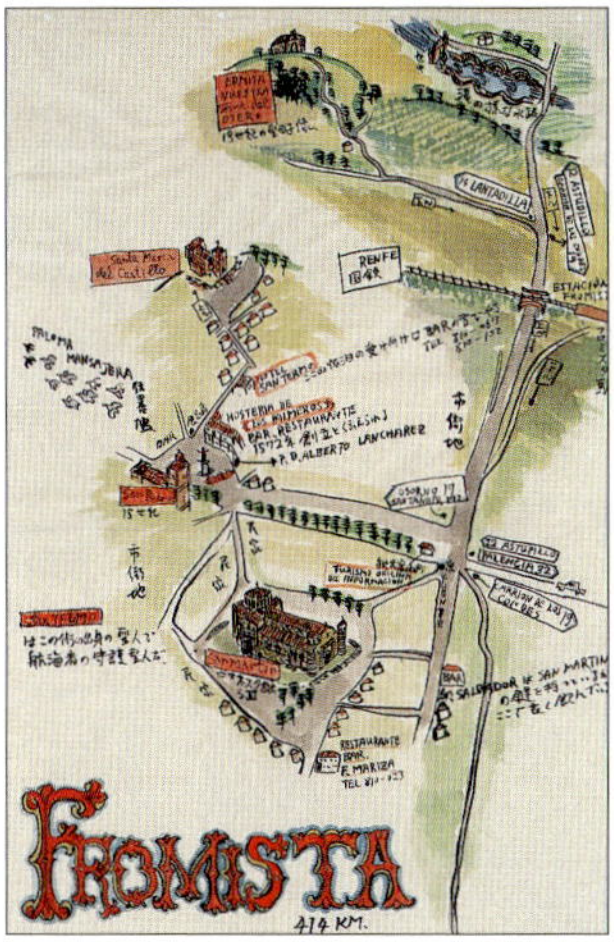

[左] フロミスタの町。
[上]《キリスト磔刑像》は池田さんお気に入りの作品。
サン・マルコス考古博物館蔵

　巡礼者の宿泊はひとつの場所に一泊が原則だから、前夜の洗濯物をなま乾きのまま背中のリュックにぶら下げ、乾かしながら歩く者も多い。その姿は、巡礼路の風物にさえなっている。だが、何かのはずみで洗濯物を落としたまま気づかなかったのだろう、路上にクツ下の片方やTシャツがよく落ちている。これも巡礼路らしい光景といえば、いえるだろうか。

レオンのパラドール中庭。

LUCAS VITULO

●レオン

León

星の野原の巡礼路――Ⅳ

頭上絵巻に見送られ……

レオンは、かつてのレオン王国の首都。サン・イシドロ教会の「王家の霊廟」には、王国の多数の王族が眠っている。その名声をいやましているのが、巡礼路随一のロマネスク絵画といわれる12世紀の天井画である。キリストを取り巻く４人の福音書記者が、ゆかりの動物（たとえば聖マルコなら獅子）の顔で描かれていたり、アーチの帯には中世の農村の暮らしぶりが描かれていたり……見るべきものが多い天井画なのだ。頭上絵巻に見送られ、レオンを出発すると、巡礼路は、ふたたび山道へと向かう。

●レオン

León

旧王国の首都は今

ローマ遺跡の上に築かれた都市レオンは、旧王国の首都として、中世には繁栄を極めた。そのみどころは、サン・イシドロ教会だけではない。中心部に建てられた大聖堂は、スペイン国内でも最も純粋なゴシック建築のひとつ。堂内のステンドグラスは、圧巻のひとことに尽きる（97頁参照）。

そんな大聖堂の正面扉口の中央では、名高い「純白のサンタ・マリア像」が巡礼たちを歓迎している［左頁］。マリア像が立っている円柱には、巡礼たちがキスをしたり、帆立貝をこすりつけたり……というわけで、無数の傷跡が残っている。道中の安全を願い、マリア像に祈りを捧げていくのだ。

旧王国の首都は、いまなお壮大にして華麗なる大都市なのである。

［上］レオンのサン・イシドロ教会
南正面扉口「小羊の門」。
［左］数キロ先の丘の上から
振り返ってみると、
眼下に大都市レオンの町並みが。
［左頁］大聖堂のサンタ・マリア像。

Astorga

●アストルガ

十字架下の街、ガウディの館

アストルガをめざす巡礼たちは、野原のかなたに浮かぶ十字架の姿を頼りに歩みを進めていく。と、突然アストルガの市街が眼下に広がる。巡礼路にはこんな仕掛けも用意されているのだ。左頁は、かのガウディが設計した館。現在は巡礼路博物館となっている。

[左]巡礼路博物館の内部は
優美な曲線を基調として、
落ち着いた空間となっている。
[上]聖ヤコブ像。12世紀の作品。

Astorga

●アストルガ

沿道の〝お宝〟も見逃すな

アントニオ・ガウディは、もともとこの建物をアストルガ司教の宮殿として設計したという。しかしネオ・ゴシック風の奇抜なデザインに教会側が難色を示し、途中から別の建築家が引き継いで完成させることに……。結局、司教館としては使われることのないまま、現在は「サンティアゴ巡礼路博物館」となっている。

この博物館では、もっぱら巡礼路に関する展示を行っている。いにしえの巡礼者たちが身に付けた帆立貝や巡礼者姿の聖ヤコブ像が、所狭しと並んでいる。優美な曲線を基調とした内装も美しい。

巡礼路では、何より古い教会建築や町並み、自然の風景を楽しみたいが、これらの珍しい美術品を目にする機会も、ぜひ逃さないようにしたい。大きな教会や修道院ならば、大抵は所蔵の宝物を公開しているし、純粋な美術館もある。

　それらの展示品のなかで、特に巡礼に関わり深いものに聖遺物容器がある。中世ヨーロッパ人は、聖人の遺骸や遺品を拝めば御利益が期待できると考えた。コンポステラへの道々、あちこちの教会・修道院へ立ち寄ってはそうした聖遺物を拝むのも、巡礼の目的のひとつだったのだ。それだけに聖遺物を入れた容器は、金銀・七宝・象牙細工といった、贅を凝らした工芸品が多い。

　アストルガの博物館以外にも、パンプローナのナバラ美術館やレオン美術館も、要チェック。

　さて、巡礼路のほうは、ピレネーを下ってから延々と続いてきた平原の道も、ここアストルガまで。アストルガを過ぎると、ふたたび山道へと差しかかっていく。

[上]《ロマネスクの大櫃》
[下]《真の十字架の聖遺物容器》
ともにアストルガ大聖堂美術館蔵

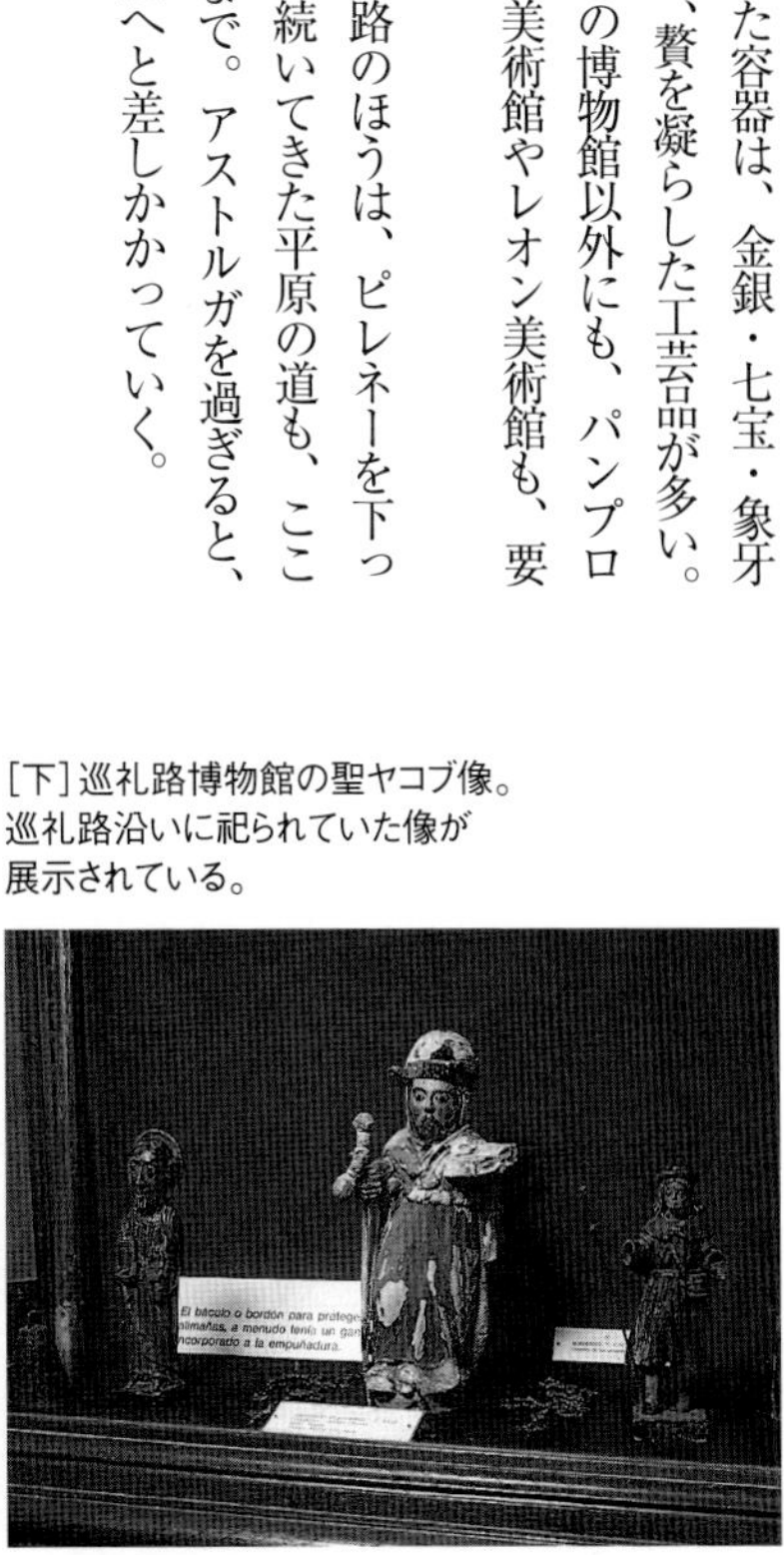

[下]巡礼路博物館の聖ヤコブ像。
巡礼路沿いに祀られていた像が
展示されている。

鉄の十字架、聳え立つ

●フォンセバドン

Foncebadón

標高1504メートル。山村フォンセバドンのすぐ先、イラゴ山頂上近くには「鉄の十字架」がある。木柱に小さな十字架を掲げ、小石の山に突き立てただけの簡素なモニュメントである。だが寂しい山道を登ってきた人々は、この十字架にずいぶん勇気づけられたことだろう。いまも石を積んでいく巡礼の姿が絶えない。

●フォンセバドン〜マンハリン

Foncebadón—Manjarin

廃村にも生きていた巡礼の道！

「イラゴ山越え」として巡礼者に恐れられた難所の一帯は、スペインで最も貧しい地域ともいわれ、人けのない過疎の村や全くの廃村をしばしば見かける。傾きかけた家々、埃っぽい土の道——中世で時が止まり、そのまま朽ちてしまった世界に迷い込んだような気がしてくる。山村フォンセバドンも、中世には教会や救護院が置かれ宿駅として整備されていたという。だが今は住人はほとんどいない。ただ、夏の休暇だけここに戻る旧住人の一家が滞在中とかで、洗濯物が賑々しく干されていた。

最近また、ベッドや飲料水やシャワーなどのサービスを提供する小さな救護所がところどころに新設され、巡礼者の便宜が図られるようになってきてはいる。が、こんな調子で、峠を下ったポンフェラーダの町まで四十キロ余りは宿の一つもない。

[右頁] フォンセバドンの村。
[左頁上] アヒルが門番？
廃村マンハリンの救護所。
[左頁下] 日暮れまでわずか。
急ぎ足の巡礼たち。

BIENVENIDOS PEREGRINOS
SELLADO DE CREDENCIALES

10年ぶりの巡礼路③

相棒のロバに死なれた男

池田宗弘

Munehiro Ikeda

池田さんが描いたまだ少女だった頃の「ネリダ」の肖像。

日本を発つ前、私は見知らぬ婦人から手紙を受け取っていた。偶然、私の《巡礼の道絵巻》の展覧会を見て、今回の旅のことを知ったのだという。「どこかの教会でロウソクを一本あげてください」という内容だった。私は巡礼路のほぼ中間、カリオン・デ・ロス・コンデスの町にある「巡礼路のサンタ・マリア」という名の教会こそ、それに相応しいと考えた。司祭のドン・ホセ・マリスカル神父にわけを話すと「そういう事情なら六日間燃え続けるものにしよう」と、赤い特太のロウソクに火を灯し、ロマネスクの聖母子像に捧げ祈ってくださった。こうして私は、巡礼者の義務である「代参」の役目を無事果たすことができた。

かつてお世話になった教会関係者をはじめ、十年ぶりの旅では実にたくさんの人々と再会を果したが、なかでも、サンティアゴまで七十五キロほどの村オスピタル・デ・ラ・クルスにある「バル・ノボ」の訪問は私には特別の思い出になった。八三年、巡礼路をサンティアゴ・デ・コンポステラから逆に歩き始めた私は、このバル（軽食や飲み物を出す店）で一夜の宿を頼んだことがある。バルには、当時八歳のネリダという病弱で言葉も不自由な少女がいた。夕食後、私はふと思いついて彼女のために、山や川、橋、家、男の子などの絵を描き、そこに日本語とローマ字を書き込んだ。たまたま同宿したフランス人がフランス語を、少女の兄がスペイン語を書きこむ。こうして三カ国語の絵本が出来上がった。ネリダは静かに大きな目を輝かせていた。私は、今度の旅でぜひこの少女に会いたかった。

新しい道路が建設されて周囲の環境は少し変わっていたが、バルは昔そのままの姿で立っていた。だが、正面のシャッターは固く閉ざされ、呼びかけても返事がない。店を畳んでしまったのかと立ち去りかけた時、勝手口から懐かしい人影が現れた。駆け寄ってくるバルの主人夫婦と私は抱擁して再会を祝した。たった一晩泊めただけの日本人を、彼らは昨日のことのように覚えていて、歓迎してくれるのだ。

居間に通された私たちの前に、自分で刺繍したというテーブルク

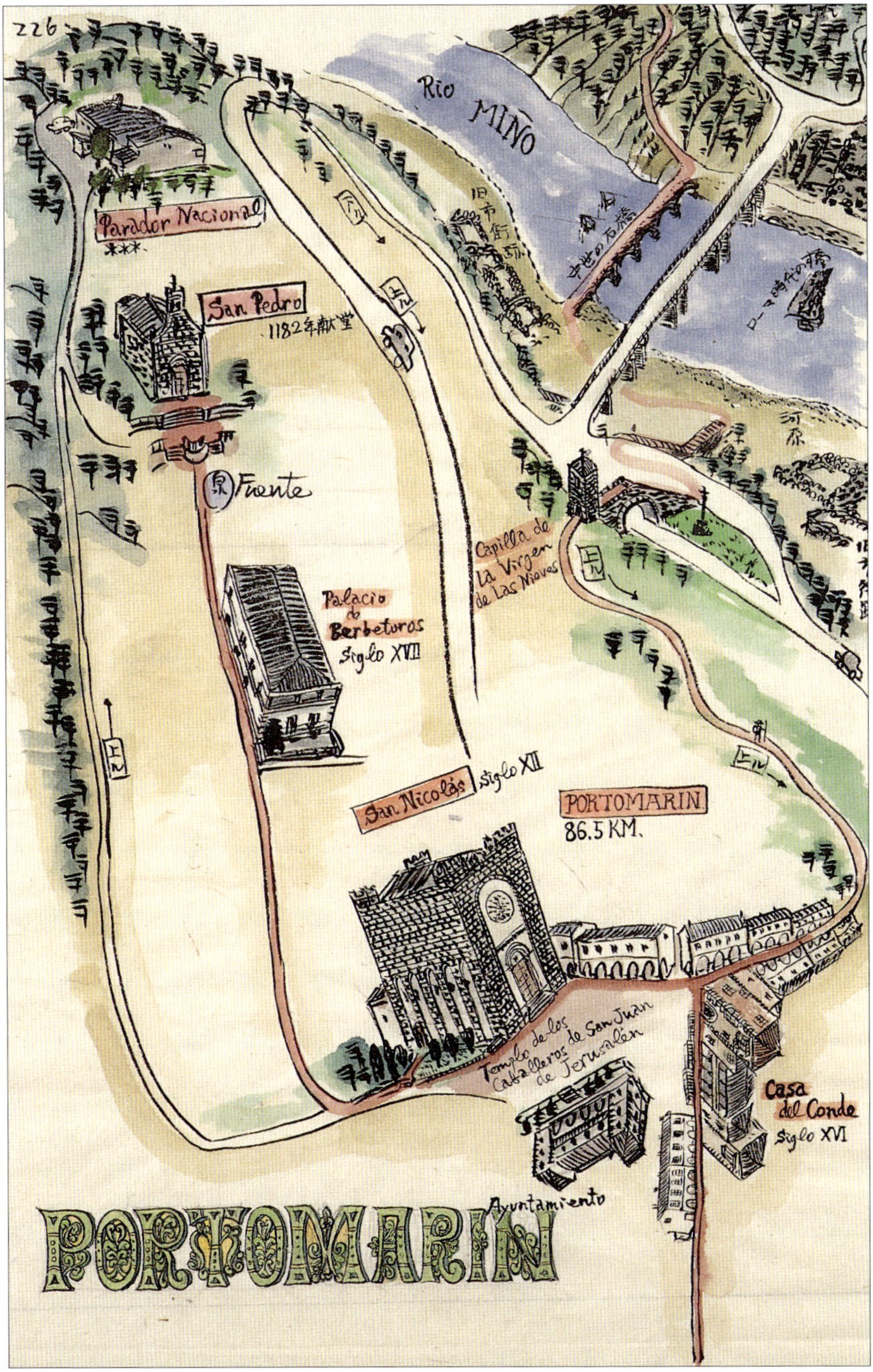

砦のようなサン・ニコラス教会が印象的な町ポルトマリン。

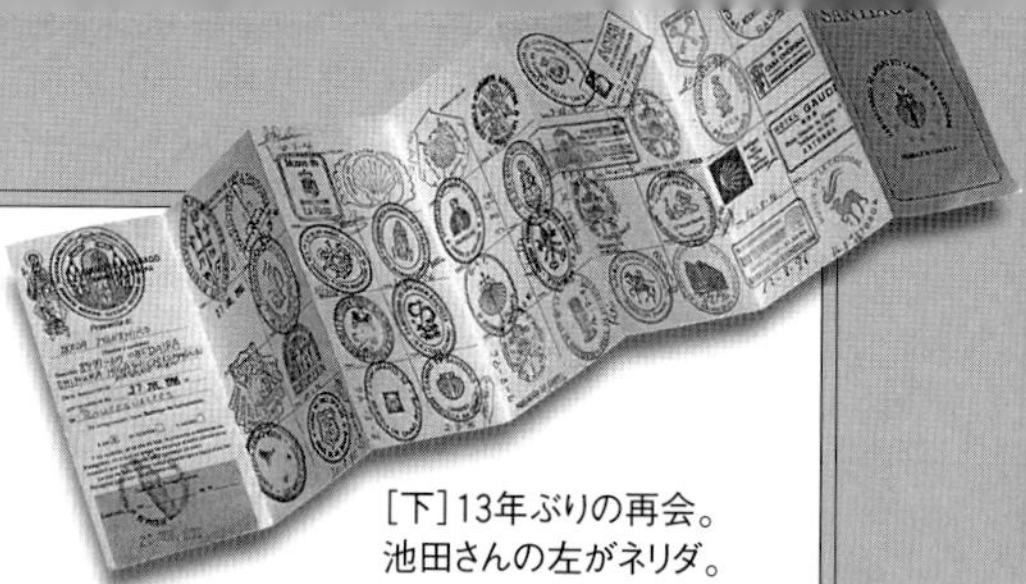

池田さんがもらったロバのワッペンと巡礼手帳のスタンプ。

[下]13年ぶりの再会。池田さんの左がネリダ。
撮影　野中昭夫

ロスを持って現れたのが、ネリダだった。十三年前、一晩中咳き込んでいた少女は、一人前の年頃の娘に成長していた。私は携えてきた《巡礼の道絵巻》を開き、はにかむ彼女に署名をしてもらった。母親は、店からビールやらジュースやらを抱えてきては、盛んにすすめてくれる。ネリダの成長ぶりに目を見張りつつ、一方では、バル・ノボの家族たちの変わらぬ人情にも、私は感激を禁じえなかった。

ロナンという名のフランス人との出会いも、忘れられないものとなった。さきほどのカリオン・デ・ロス・コンデスの先に、たまにぽつんと木があるだけの荒れた野原が延々十三キロほどにわたって続く場所がある。「巡礼の杖」など不要と考える私だが、さすがにこんな場所で野犬の群れに出くわしたらと思うと、用心棒の一本も欲しくなる。なんとかこの長丁場を乗り切り、小さな救護所で冷たい水にありついてホッと一息ついた時、たまたま言葉を交わした巡礼者がロナン・ペルヌーだった。彼は一冊のノートを差し出し、旅の記念に何か書いて欲しいという。見事なあご鬚とどこか物悲しげな目があまりに印象的だったので、私は彼の風貌を墨と水彩とでスケッチして文章の代わりに渡した。すると、彼も記念にといって、十字架形の黒い自然石と、紙の円盤に彼とロバの姿を刷りこんだものを差し出す。そして、「これは僕が家を出発する時の姿だ。だけど、このロバは途中で犬に噛まれて死んでしまった」と呟く。記念の品まで作って一緒に村を出、聖地めざして歩き始めた相棒を、旅の半ばで失った彼の心中を思うと、私はそれ以上なにも聞けなかった。

ピレネー山麓を出発してからほぼ一カ月を経た八月二十四日の夕方七時、私は無事に聖地にたどり着いた。その数日後、偶然にもロナンに再会した。食事をとっていた私の姿を店の外から見つけて、声をかけてくれたのだ。そして一言、「明朝、国に帰る」と。相棒を失って以来、彼は本当の「巡礼者」となって、聖地まで歩いてきたのだ。若い彼にとって、その夏は生涯忘れられない夏になったことだろう。

《巡礼の道絵巻》は、サンティアゴ・デ・コンポステラの「巡礼美術館」に展示されている。

聖ヤコブが流れ着いたイベリア半島突端の地で壮大な絵巻は終幕。

●セブレイロ峠

O Cebreiro

星の野原の巡礼路——V

最後の難関、胸突き八丁

イラゴ山を越えた後、いったん平地に出て次の山道を登り切れば、そこは標高1300メートル、風も冷たいセブレイロ峠。巡礼路の最後の難関である。30キロ近い長い上り坂の途中から見上げると、セブレイロ峠が、ガスで、もやっていた。ここからは、かつてサラセン軍が使用したという古城も見える。長い旅を続けてきた巡礼たちにとって、この峠は相当に酷だったようで、早くから北方の町ルーゴを通って迂回する巡礼路も成立した。だが山を越えれば、そこはスペインでは珍しく多雨、湿潤なガリシア地方。めざす聖地までは、もう一息!

●オスピタル・デ・コンデサ〜ビドエド

Hospital de Condesa — Biduedo

山路来て、朽ち果てかけた中世の美

峠を越えると、巡礼の道は緩やかに下りはじめる。峠から五キロほどのオスピタル・デ・コンデサ村には、サン・フアン教会という小さな教会があった。農家の納屋と見紛うような建物だが、巡礼のシンボルである帆立貝と剣十字架とを彫った扉は、風雨に晒された肌合いがなんとも美しい［左頁］。

そして山道が里に出るあたりで、道に迷ったひとりの巡礼者に出くわした。羊飼いの女性に道を教わると、彼は牧場を横切り、牛に挨拶をして茂みの中へ入っていった［右下］。このあたりは中世以来の石灰岩の産地で、かつては巡礼者がここで石灰岩のかけらを受け取り、それをサンティアゴ・デ・コンポステラの近郊で焼いて、大聖堂建設の材料にしたのだという。

［左］ケルト文化の名残をとどめる
藁屋根の家が峠にはある。
うち一軒は民族博物館として公開されていた。
［下］牛に挨拶する巡礼者。
遠景の白い部分は操業中の採石場。
［左頁］サン・フアン教会の扉。

●サモス

Samos

美麗なる修道院、ゆかしき穀物倉庫

山道を下り、サモスという村に出る。この村には美麗なるサン・フリアン修道院があった。いまでも修道僧たちが、祈りと労働の生活をしているという。

サンティアゴも、もう間近。このあたりでは、まるで柩を思わせるような背が高くて巾の狭い建物が目に入るようになってくる。これはガリシア地方特有の「オレオ」と呼ばれる高床式の穀物倉庫だという。スペインといえば、強い日射しと赤茶けた大地を想像しがちだが、スペイン北西部のガリシアは一年を通じて雨が多く、緑豊かな土地なのだ。オレオが多いのも高い湿度のため。側面から風を通す仕組みだ。

これまで日本には、馴染みの少なかったガリシア地方だが、海産物にも恵まれており、日本との共通点は意外に多い。

[左]これが「オレオ」。
ガリシア地方特有の穀物蔵。
なかは穀物でいっぱいだった。
[下]サン・フリアン修道院外観。
[左頁]修道院の教会堂中央祭壇。

巡礼の飲と食❷

ガリシアの海の幸

Galicia

ガリシア地方は、北はカンタブリア海、西は大西洋に面し、リアス式海岸が連なるスペインきっての漁業基地。漁獲高はスペイン国内の四分の一以上を誇る。捕れるのは、イワシ、カツオ、タコ、イカ、ニシン……と日本人好みの魚がズラリ。まさに海の幸の宝庫！　なのである。

で、ガリシアの名物料理といえば、まずは、ぶつ切りのゆでたタコ。やわらかくゆで上げてあり、シコシコとした歯ごたえ。オリーブ・オイルとパプリカのさっぱりした味付けとなっている。鶏と貝の味をミックスしたような独特の味を楽しめるカメノテもオススメ。もちろんムール貝も絶品。カニ料理も、塩ゆでからカニ味噌を使った料理まで、バリエーションは豊富だ。一見、素朴ではあるけれど、素材の味を十分に引き出しているのがガリシア流。

ついでに紹介すると、デザートとして有名なのは、タルタ・デ・サンティアゴ。アーモンドベースの甘いお菓子だが、決してしつこい甘さではない。食後にどうぞ。

テキスト◆編集部

[上]いちばん奥が、名物のゆでたタコ。
パプリカがよく効いたサッパリ味。
その手前がカメノテ。独特の味わい。
いちばん手前の肉は、
ガリシア地方の名産、豚肉の塩漬け。
[左]レストランの陳列も贅沢！
[右頁]タルタ・デ・サンティアゴ。
撮影 菅原千代志(3点とも)

旅路の果ては、サンティアゴ・デ・コンポステラ！

ついに終点！　長く厳しい旅路の果てに、ようやくたどり着いたサンティアゴ・デ・コンポステラ大聖堂。夕日の赤い日射しを浴びて、聖堂は、神々しく光り輝いていた。9世紀、聖ヤコブの墓が発見されて間もなく、お墓の上に聖堂が建立された。が、その聖堂は、いったんイスラム軍により破壊されてしまう。そして11〜12世紀にかけて、現在の大聖堂へと改築され、この威容を誇る姿が出現したのである。ガリシア産の切石を積み重ね、過剰なまでの装飾がほどこされた外観は、スペイン独特のバロック様式「チュリゲレスコ」の典型である。

●サンティアゴ・デ・コンポステラ

Santiago de Compostela

来た、見た、触った、聖ヤコブ

堂内に足を踏み入れた巡礼は、まず「栄光の門」の柱に手を押し当てて祈りを捧げる。長年にわたるこの儀式のために、大理石の門柱は5本の指の跡がくっきりとくぼんでいるほどだ［右頁］。ついで、黄金色に輝く中央祭壇に進んだ巡礼たちは、その裏手へとまわりこみ、感極まって聖ヤコブ像に抱きつき、頬を寄せるのである。

［右］地下聖堂の聖ヤコブの柩。
［下］白馬に跨がる聖ヤコブ像。
［左頁］「栄光の門」。
中央の柱基部で祈りを捧げる。

Santiago de Compostela

●サンティアゴ・デ・コンポステラ

壮麗！〝聖ヤコブツアー〟

聖ヤコブは、またの名をサンティアゴ・マタモロス――〝モーロ人殺しの聖ヤコブ〟という。モーロ人（ムーア人）とはアフリカ北西部のイスラム教徒のこと。聖人の名に冠された、このなんとも血なまぐさい呼称の由来は何なのだろう？

八四四年、クラビーホの戦い。ここに白馬に乗った聖ヤコブが現れた。で、イスラム軍に押され気味だったキリスト教軍を叱咤激励。陣の先頭に立って敵を蹴散らしたという。この戦の勝利により、それまでイスラムに贈り続けられていた百人の処女の貢ぎ物も、ようやく廃止されることとなった……。

この伝説により、聖ヤコブ信仰は、戦士のみならず、一般の人々にまで裾野を広げてゆくこととなったのである。

●サンティアゴ・デ・コンポステラ

Santiago de Compostela

証明書をもらって、巡礼の旅は終わる

最盛期の十二世紀、巡礼者の数は、なんと五十万人を超えていたという。だが十四〜十五世紀の英仏百年戦争、十六世紀の宗教改革による聖遺物崇拝の否定と、二つの大打撃を被り、その数は激減した。

現在の巡礼路はといえば、そのほとんどが旧道と化し、自動車道路に寸断されてしまっている。全行程をカバーする鉄道も、路線バスもない。それでも巡礼たちは、この道を歩き続けた。そして一九九三年、巡礼路が世界遺産に指定されてから、巡礼熱はさらにヒートアップ！　その数は年々増え続け、道や標識、救護施設も整備されて歩きやすくなってきた。

そのいでたちや動機こそ、中世とはずいぶんと違うが、聖ヤコブを慕ってサンティアゴ巡礼路を辿る伝統はまだまだ生きているのである。

コンポステラ大聖堂の内陣正面の様子。

CAPITULUM hujus Almae Apostolicae et Metropolitanae Ecclesiae Compostellanae sigilli Altaris Beati Jacobi Apostoli custos, ut omnibus Fidelibus et Peregrinis ex toto terrarum Orbe, devotionis affectu vel voti causa, ad limina Apostoli Nostri Hispaniarum Patroni ac Tutelaris SANCTI JACOBI convenientibus, authenticas visitationis litteras expediat, omnibus et singulis praesentes inspecturis, notum facio: Dnm Munehiro Ikeda hoc sacratissimum Templum pietatis causa devote visitasse. In quorum fidem praesentes litteras, sigillo ejusdem Sanctae Ecclesiae munitas, ei confero.

Datum Compostellae die 25 mensis Augusti anno Dni 1996.

Secretarius Capitularis

SIGILLUM CAPITULI BEATI JACOBI COMPOSTELLAE

これが96年8月25日、池田さんが授かった2通目の「巡礼証明書」である。

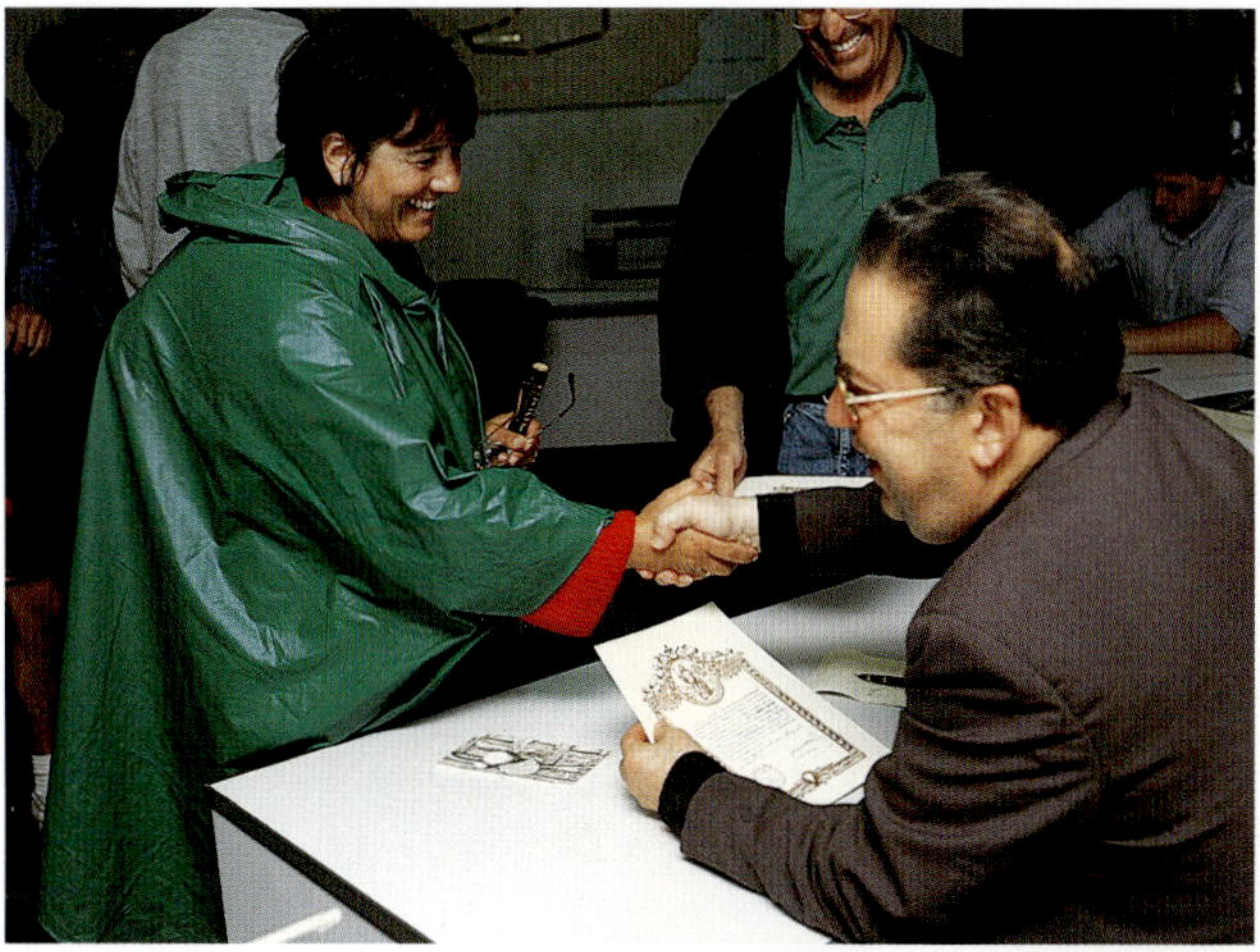

［左］巡礼を成就した人たちは
「巡礼証明書」を貰う。
徒歩100キロ以上または
自転車200キロ以上が条件。
［下］続々と到着する巡礼たち。

HOTEL
HOSTAL
DE LOS
REYES CATOLICOS

●サンティアゴ・デ・コンポステラ

Santiago de Compostela

かつての王立救護院が、いまは五つ星ホテルに変身！

巡礼者や観光客の姿が絶えない、大聖堂前のオブラドイロ広場。その北面を占めるのが、かつて無数の巡礼者に宿泊と食事を提供し、病を得た者の治療を行っていた旧王立救護院の壮大な建物である。

コロンブスを新世界への旅に送りだしたイサベル、フェルナンド両王の命により十六世紀初めに完成した一級の歴史建築で、とりわけ金銀細工のような緻密な装飾を見せるプラテレスコ様式の正面入り口は、見事！　そんな建築美や歴史的佇まいをそのままに残しながら、いま、この王立救護院は近代的設備とサービスを備えた国営ホテル「パラドール」に生まれ変わっている。最高の五つ星評価のこのパラドールは、いまでは聖地サンティアゴの観光スポットのひとつとなっている。

[右頁]まるで金銀細工。緻密な装飾が施されたパラドール正面入り口。[左]かつての回廊もホテルの中庭として憩いの場となっている。

[上]ロビーもシックな内装。

[右]このパラドールのフロントには、16世紀のタピスリーが……。

●パドロン
Padrón

聖人は、海の向うからやってきた

伝説によれば……。スペインで布教していた聖ヤコブは、紀元44年エルサレムで殉教した。舟に乗せられたその亡骸が風まかせの航海の末たどり着いたのが、ここガリシアの海岸。そして9世紀の初めになって彼の墓が発見される！　聖地巡礼、すべてはここから始まった。サンティアゴ・デ・コンポステラ南西、ウリャ河口にて。

神ともにいまして……

Con el Dios

檀 ふみ だん・ふみ◎女優

その話は、どうも私向きではないように思われた。

テレビの番組で、パウロ・コエーリョというブラジル人作家と、サンティアゴ巡礼道を歩いてみないかというのである。

「コエーリョさんは、十五年ほど前に一度、歩かれたことがあるそうです」

マネージャーは言った。その体験をもとに『星の巡礼』という本を書いて、作家デビューを果たしたのだという。しかし私は、パウロ・コエーリョという名前はおろか、サンティアゴ巡礼道なるものがこの世に存在することさえ、知らない。

「『アルケミスト』っていう小説は、世界で一千万部以上売れてるんですって」

そんな超ベスト・セラーの名前も、聞いたことがなかった。

「でも、とにかく、『星の巡礼』だけでも読んでからご返事しますか?」

そうね、読んでみようか。

私は敬虔な少女だった。小学校一年生のときから、床にはいる前には、ひざまずいてお祈りをしていた。祈りを捧げる「神様」は、漠然とした「神様」であって、とくにキリスト教を信仰していたわけではないが、中学生になると、毎晩寝る前に新約聖書を一章ずつ、声に出して読んだりもしていた。

私の父は、「神も仏もあるものか」と、無頼を気取っていた作家である。身内にかくのごとき聖女が現われたのを知って、怖気をふるった。

「なんだ、あの子は。宗教家にでもなるつもりかね」

と、母に嘆くことしきりだったという。

もし、私に、サンティアゴ巡礼道との接点があるとすれば、その一点だろうか。

中学生のころの慎ましやかな気持ちに立ち返って、本を開く。『星の巡礼』……、なんてきれいなタイトルだろう。

だが、天使の心をもってしても、それは読みやすい本ではなかった。原題はなんと『魔法使いの日記』。巡礼路で体験した神秘的な出来事が、綿々と綴られているのだ。

「奇跡」は好きである。超能力も、霊的存在も、きっとどこかにあると信じる。でも、それは私の前ではありえない。絶対に。

「やっぱり、やめようと思うの」

ある夜、親しい編集者にそう呟くと、

「どうして? やったらいいじゃないですか」

と、勢いよく言われた。

「『アルケミスト』、アタシ大好きでしたよ。サンティアゴ巡礼がきっかけで、パウロ・コエーリョは作家になる決意をしたわけでしょう? そのあたりのことをその場所で訊いてみるの、面白いじゃないですか」

◆

サンティアゴ・デ・コンポステラは、ミルク色の霧に包まれていた。

霧のまにまに見え隠れする緑の色に、「違うな……」と思う。私の知っているスペインと、どこか違う。瑞々しい。いや、

パウロと私は
オブラドイロ広場の
オープン・カフェで会った。
©テレビ愛知

湿っぽいというべきか……。

オブラドイロ広場の隅のオープン・カフェで、パウロは待ってくれていた。

思ったよりも小柄である。黒いタートル・ネックのセーターに、黒いパンツ。そして、白いヒゲと、短く刈り込まれた白い髪。ハシバミ色の目はクルクルと表情を変え、悪戯そうにも、悲しそうにも見える。コーヒーを飲むのに邪魔だったのか、たくしあげられた袖の下からは、稚拙な蝶の入れ墨が覗いていた。

私たちの目の前には、大聖堂がそびえている。大きなリュックを背負い、長い杖を持った人々が、ポツリポツリと、正面の扉に向かって階段をのぼってゆく。

ここここそが、聖ヤコブ（サンティアゴ）の眠る聖地。長い旅路の果てにやっと辿り着く、巡礼の到達点なのだ。

聖ヤコブはキリストの十二使徒のひとり。福音書を記したヨハネの兄である。

生前、スペインで伝道に力を尽くしたといわれ、エルサレムで殉教した後、その亡骸は弟子たちの手によって、そっとスペインに運ばれたと伝えられていたが、異教徒による支配が長く続くうちに、どこに葬られたのかは、誰にもわからなくなってしまっていた。

九世紀の初め、隠修者の前に天使が現われ、墓のありかを告げる。輝く星に導かれるまま訪ねてみれば、まさに星の降る野に、聖ヤコブは眠っていた。だからこの地は、コンポステラ、「星の野」と呼ばれるのだとか。

苦難の旅のすえ、サンティアゴ・デ・コンポステラに行き着いた巡礼たちは、大聖堂に入り、まず「栄光の門」にぬかずく。

「ボクの真似をして」

と、パウロに言われ、私も巡礼が列をなす、中央の円柱の前に立った。柱の上のほうに座しているのは、聖ヤコブだろうか。ヤコブの上で、たくさんの人々に囲まれ、少し微笑んでいるように見えるのは、キリストに違いない。巡礼たちは、柱にもたれかかるように手をつき、台座に彫られてい

る何ものかの像と額を合わせて祈りを捧げている。それは二頭のライオンを抱えているサムソンだと、後から教えられた。パウロはそれぞれのライオンの口に、両手をつっこんだりもしている。

細かく彫刻のほどこされた大理石の柱は、手が置かれるあたりだけ、すり減り、うっすらと色が変わっていた。てのひらを触れると、大理石の冷たさではなく、人の手の温もりが感じられる。

［上］栄光の門。［下］聖ヤコブ像。　撮影 野中昭夫

「栄光の門」ができたのは十二世紀の終わり。年間五十万もの人が、ここサンティアゴを目指したといわれる、巡礼の最盛期である。以来、何百万、いや何千万の巡礼たちが、この柱に手を重ねてきたのだろう。

「三つの願い事をしなさい。一つは、この番組の成功をね」と、パウロに言われていたが、巡礼の果ての「祈り」の前に、お手軽な「願い」事は、あまりにも図々しく、ただじっと目を閉じるだけが精一杯だった。

続いて、聖堂の奥のほうに連れて行かれた。ひしめく人々を避けながら、広い堂内を歩いているので、自分が今どこにいるのか、はっきりとはわかっていない。気がつくと、再び巡礼の列の後ろにいた。

パウロの後について扉の中に入り、窮屈な階段をのぼると、そこは小さな部屋のようになっていた。警備員がひとり腰掛けて、金の聖像を守っている。

聖像はこちらに背を向け、大きく開かれた窓とおぼしきところに座していた。金色に輝くマントの背中には、たくさんの帆立貝が浮き彫りにされている。パウロは、その肩に抱きつき、金のひょうたんがぶらさがっている杖を握った。これは一体どなたなのだろうか。わけのわからぬまま、私も抱きつき、杖をなでる。聖像の肩越しに、堂内が見えた。大勢の巡礼がこちらを見上げながら一心に祈っている。どうやらこちら、有り難いご本尊、聖ヤコブであるらしい。

◆

私たちは聖ヤコブの眠るコンポステラを後にして、フランスのサン・ジャン・ピエ・ド・ポーまで、約八百キロの道を、巡礼とは逆に辿ることになっていた。もちろん、撮影のためなのである。ほとんどの移動は車になる。

「巡礼とは、生まれ変わること。今までの自分を捨てることなんだ」

と、パウロは言う。

「この道を歩いて、あなたもまた、新しい自分を見つけてほしい」

だが、こんなものが「巡礼」と呼べるのかどうか、すこぶる疑わしい。

むかし、ポルトガルで見た光景が、チラリと脳裏をかすめた。

あれはどこだったろう。車で街道を走っていたら、窓の外を不思議な姿の人が歩いているのに気づいた。一人、二人ではない。幾人も幾人もすれ違う。自分の身体と同じくらいの大きさの十字架を背負って、黙々と歩く人。足枷をひきずるようにして、裸足で進む人。杖にすがるようにして行く黒ずくめの老婆。なんだろう。仮装行列にしては、やけに真に迫っている。

「ファティマに向かってるんですよ。巡礼です」

土地の人が教えてくれた。

巡礼には、そうした、半端ではない、非常に苛酷なイメージがある。

おまけにサンティアゴは、「新興」聖地のファティマとは格が違う。千年のむかしから、エルサレムとローマに並んで、キリスト教の三大聖地に数えられているところなのだ。

私はといえば、大いなるものに敬虔な気持ちを抱いていた少女時代も、今は昔。「愛欲と物欲を捨てたいま、私を俗世と結ぶのは食欲だけ」などとうそぶきつつ、実はどんな小さな欲も捨てていない、さもしい中年オンナとなりはてている。そもそもそんな人間に、この道を行く資格があるのだろうか。

私の隣がパウロ。
コンポステラ大聖堂を
見下ろす「歓びの丘」の
巡礼者像前にて。

しかし、パウロは、大勢の騎士や貴族、聖職者たちが、異教徒から命をかけて守ろうとしたこの聖なる道を、キリスト教徒だけのものとは考えていないようだった。キリストが生まれる前から道はあったと、力説する。

「この道で、君はきっと、奇跡を体験する」

「奇跡」と聞いて、思わず身をのりだした。

「奇跡？　私が？　本当に？」

この目で奇跡を見てみたいというのも、俗なる私の、「欲」といえば「欲」なのかもしれない。パウロはニッコリ笑って頷いた。

「ウン、必ず」

そして、パウロとともに広場を出て、古い石畳の道を十歩も歩かないうちに、その「奇跡」を目の当たりにした。

「パウロ！　パウロ・コエーリョ！」

鋭い叫び声に、驚いて顔をあげると、道の向こうから、リュックを担いだ大男が、杖を振り上げて、こちらに向かって走ってくる。

「パウロ・コエーリョ！」

青年の頬は紅潮していた。目はキラキラと輝いている。「ああ神よ、あなたはここにいらしたのですか！」とでも言うように、日に焼けた両手を胸の上で合わせ、息を整えようともせず、パウロに向かって何やら一気にまくしたてている。

パウロは別に驚いたふうでもなく、二、三、質問すると、ニコニコと青年の手を握り、そしてかたく抱擁した。

「すごい！　信じられない！」

巡礼の興奮は、なかなか冷めない。

「どちらからいらしたの？」と、尋ねると、流暢な英語で、「ブリュッセルから」と言う。

「で、どこから歩いていらしたの？」

「ブリュッセルから」

すぐ隣町とでもいうようにさりげなく言われて、今度はこちらのほうが、「すごい！　信じられない！」である。ベルギーからだと、直線距離だけでも、千五百キロ

パウロを見つけて
興奮、感激の青年。
巡礼路の行く先々で、
パウロは、いつも人気者。
©テレビ愛知

近くある。

年のころ、三十そこそこだろうか。職業は道化師だという。道化師をしながら、自閉症の子供の世話をするボランティアをしていたが、ここ数年というもの、自分の身は病気の子供たちのために捧げられるべきではないだろうかという思いが、絶えず浮かんだり消えたりしていたらしい。

あるとき、なにげなく『アルケミスト』を手に取った。「すべてのことに偶然はない」というのが、パウロが読者に繰り返し送り続けている、メッセージである。

「人が本当に何かを望む時、全宇宙が協力して、夢を実現するのを助けるのだ」（『アルケミスト』）

神は、大切な夢を見失わないようにと、人生にいろいろな小道具をちりばめてくださっている。一見、障害に見えることの下にも、神の深い意図が隠されていることがある。

青年は、『アルケミスト』に続いて、『星の巡礼』も読んだ。深い感銘を受けたが、まだ自分の夢に向かって一歩を踏み出そうという、決心まではついていない。

そんなある日、本屋の前を通り掛かった。ショーウィンドーに飾ってあった一冊の本に、ふと、目が引きつけられた。その本は、自分のためにそこに置かれているような気がした。『サンティアゴ巡礼道』。おりしも、自閉症の子供のことを考えていたときだった。

これは神様の意図だと、青年は思う。

何を恐れる。自分の夢に向かって歩き始めよう。まずは、サンティアゴ、聖ヤコブに自分の決意を報告に行くのだ。

そして二千キロ近い道のりを歩き抜き、とうとうコンポステラに辿り着いたとき、運命の本を書いた作者がそこに立っていたのである。

これを、奇跡と言わずして、なんと言おう。私が見たかった奇跡とは、ちょっと形が違う。しかし、青年にとっては、まさしくホンモノの奇跡、神の祝福だったに違いない。

パウロの行くところ、行くところで、そうした奇跡と出会った。多くの人が、『星の巡礼』を携えて歩いていた。パウロはこの巡礼道において、聖ヤコブの次くらいに、有名な人なのだった。

◆

翌日からカラリと晴れた巡礼日和となった。

「Con pan y vino se hace el Camino」

ぶつ切りのゆでダコを、パンとワインとともに口に運びながら、パウロが教えてくれた。

「パンとワインがあれば、道はひらける」

そんな意味であるという。

「道」は、「Camino（カミーノ）」。

「カミーノの贈り物です」「カミーノが逢わせてくれた」「カミーノの力」……、巡礼たちは、よくこの言葉を使う。ここで言うカミーノとは、すなわち、サンティアゴ巡礼道そのものなのだろう。

「カミーノ名物」というのも、もちろんある。ここ、メリデのタコ料理屋がそれ。小さな古い教会と道しるべの石の十字架が、すぐ斜向《はすむ》かいに立っている。そちらに気を取られて歩いていれば、たちまち見過ごしてしまいそうな、小さな看板。さりげない店構え。

入り口近くでは、おばさんがひとり、ゆで上がったタコを黙々とハサミで切っていた。厚手のまるい板皿が、あっという間にぶつ切りのタコで埋まってゆく。ここに塩とオリーブ・オイルとパプリカをかければ、できあがりである。なんてことのないこの一皿が、なかなかの美味しさ。

子供がすっぽり入るくらいの大きな寸胴鍋が、おばさんの後ろでグツグツと煮たぎっている。一日、三百キロから四百キロものタコを、朝七時から一時間ずつ、何度も

「カミーノ名物」のゆでダコ。
なかなかのおいしさだった。
撮影 菅原千代志

何度もゆでるのだそうだ。

店内には、細長いテーブルとベンチ式の椅子が、学校の教室のようにズラリと並んでいる。

サンティアゴを目前にして、巡礼たちの意気もあがるのか、賑やかな笑い声が店に響く。カミーノで知り合った人たちが、ここで一緒に食事しているのだ。巡礼というと、自らに試練を課する禁欲的な姿が思い浮かぶが、笑っている人たちに、そういう重苦しさはない。

「都会に住んでいると、自然にふれる機会が少ない。歩けば何よりも自然と一緒になれる」

一人がそう言うと、みんなが拍手した。ハイキングの延長といった感覚で、カミーノを楽しんでいる人も多いらしい。出発点も、レオン、ブルゴス、パンプローナとまちまちである。

「ここで知り合った人たちは、特別ね。一生の友達だわ」

また、大きな拍手があがった。

「自然と一緒になれる」とおっしゃるが、スペインの自然は厳しい。小川のせせらぎを耳に、道端の花を愛でながら、木漏れ日を浴びつつ歩く……なんて風流は、あまり期待できない。たいていは、木陰を探すのも難しい荒野である。道連れは、強烈な陽射しと自分自身の影。赤紫のヒースの花がわずかに心を慰めてくれるばかりだ。

それに、カミーノは一本の真っ直ぐな道ではない。自動車道に沿っていたり、離れていたり、ところどころは自動車道によって寸断されていたり。街なかで曲がりくねっていることも多く、迷ったという話もよく聞く。

巡礼たちを聖地へと導くのは、道しるべ。黄色いペンキで無造作に描かれた矢印

巡礼たちを聖地へと導くのは
無造作に描かれた黄色い矢印。
あちこちで見掛ける。

巡礼のシンボルは帆立貝。
杖とひょうたんもあれば完璧。
撮影 菅原千代志

を、道の上や、石、塀、建物など、あちこちで見掛ける。むかしは、道筋にひっそりと立つ、石の十字架だけを心頼みに歩いたのだろうか。もちろんいまも、十字架は残っている。だが十字架よりも、鮮やかな青い地に、黄色い帆立貝がデザインされた標識を、目にすることのほうが多いかもしれない。

帆立貝は、サンティアゴ巡礼のシンボルである。それぞれの巡礼路にはシンボルがあって、ローマなら十字架、エルサレムはヤシの葉という。

十字架は、わかる。ヤシの葉も、キリストのエルサレム入城のとき、神の子をお乗せするロバの足さえも汚してはいけないと、信心深い民が道に敷いたものである。

だがなぜ、サンティアゴが帆立貝なのか。

ものの本を読むと、ヤコブの遺体とともにスペインの海岸に流れついた弟子たちが、「男の幻影を見た。男は波間から馬に乗って現れ、ホタテ貝に包まれていた」から、とあるが、どうも論拠が薄弱である。

しかし、巡礼のシンボルとして、帆立貝は悪くない。美しいし、よく目立つ。

つばの広い帽子に、長いマント、そして水筒がわりのひょうたんが結ばれた杖。マントの肩口に、白い帆立貝が輝いていれば、それはサンティアゴへ向かう巡礼という印だった。

いまも巡礼たちは帆立貝を身につけている。リュックにくくりつけたり、ペンダントのように首からぶらさげていたり。そういえば、大聖堂の金の聖ヤコブ像も、背中のマントにいっぱい帆立貝をくっつけていた。

ちなみに、サンティアゴは聖ヤコブのスペイン語読み。英語では「セント・ジェームズ」で、フランス語では「サン・ジャック」。

なるほど、だからフランスでは帆立貝の料理のことを、「コキーユ・ド・サン・ジャック」と呼ぶのかと、初めて合点する。

旅の始めに、パウロが私にくれた帆立貝には、まるいふくらみの上に、赤い十字が描かれていた。よくみると槍十字。

聖ヤコブは、サンティアゴ・マタモロス（ムーア人殺しの聖ヤコブ）という、物騒な異名をもつ。八四四年、クラビーホで、イスラム教徒との死闘を繰り広げていたとき、白馬に乗ったサンティアゴが忽然と現われ、獅子奮迅の大活躍をして、キリスト教軍を勝利に導いたという伝説があるからである。

勇ましい槍十字もまた、サンティアゴ巡礼の象徴なのかもしれない。

◆

厳しい自然とともに歩くカミーノにも、もちろん安らぎはある。

たとえばサリアのアスペラ橋。ダラダラと退屈な道が続くなかで、古い石の橋を渡り、水の流れを感じ、美しい道筋や、人の手の入った庭を眺められるのは嬉しい。

また、ウネウネした山道を歩くのも楽しい。どんどん景色が変わっていくからである。イラゴ山の上から見はるかしたスペインは雄大で、ちまちまと人を包み込むような日本の自然にはない、峻厳さを感じた。

しかし、私たちは巡礼とは逆の道を辿っている。おまけに、歩いているのは要所だけで、ほとんどは車に頼っている。

歩きづめに歩いてやってくる巡礼たちに、眺めを楽しむ余裕はない。やっとのことでイラゴ山を越したと思ったら、すぐにもう一つの山、セブレイロ峠が立ちふさがっていることを知るのだ。ああ、サンティアゴはまだまだ先なのかと、そこは多くの人が深い溜め息をつく場所だという。

だが、力尽きて、最後の難所を越えられない人にも、救いはある。

ビヤフランカ・デル・ビエルソの「許しの門」をくぐれば、コンポステラまで行っ

サンティアゴ教会の外観。
教会の「許しの門」をくぐれば
聖地まで行ったのと同じことに。
撮影 野中昭夫

たのと同じ免罪を受けられるという。

「許しの門」があるサンティアゴ教会は、コンポステラの雲衝くばかりの大聖堂と比べると、お話にもならないような、小さな飾り気のない建物だった。

そのすぐ脇に、もっと小さな巡礼のための宿があって、そこで今夜は「ケイマダの儀式」が行われる。

「パウロの肝煎りでね。それがどんな儀式なのかは、僕らも知らないんですよ」

と、スタッフは言った。

何しろ、パウロはサンティアゴ巡礼を現代に甦らせた、立役者の一人である。カミーノの優秀なる広報官といってもいい。あちこちにネットワークを持っているし、パウロと一緒でなければ見られないものも多い。

[上]パエーリャで腹ごしらえ。
[下]「ケイマダの儀式」。©テレビ愛知

儀式を行うのは、むかし神父だったという巡礼宿のあるじ。ガリシアは魔女伝説の多いところと聞く。

「ケイマダの最中は、明かりを消すっていうんで、カメラマンが頭を痛めてます」

なんて言われると、なんだか胸がワクワクしてくるではないか。

儀式を始める前は、まず腹ごしらえである。宿の奥さんと娘さんが用意してくださった、美味しいパエーリャ。海老、鶏、ムール貝などがふんだんに入って、大きな鍋いっぱいに、三、四十人分ほどもあったろうに、たちまち巡礼たちに食べ尽くされてしまった。

片づけが終わり、食卓にロウソクが灯されると、いよいよお待ちかねの「儀式」である。

まず、大きめのボウルが用意された。そのボウルに自家製のグラッパをドボドボとそそぎこみ、レモンをしぼり、リンゴ、砂糖、コーヒー・リキュールなどを次々に加えて、火をつける。ボッと青白い不気味な炎があがったところへ、かたわらに置いてあった瓶の中味を空ける。年季の入った果実酒のようなものだろうか。

炎を絶やさないように、長い柄のついた金杓子でボウルをゆっくりとかきまぜながら、元神父が何やら呟いた。そのたびに巡礼たちが、「ウー」と、長い息で応える。それはときに強く、ときに怒りにみち、ときに笑いを含み、ときに優しい。

「途中でヒッチハイクをしようとしている巡礼のために」「ウーッ!」

「無益な戦争をしようとしている人のために」「ウ――――ッ!!」

といった具合。ちょうど、九月十一日の同時多発テロが起こったばかりで、アメリカがいつ報復の戦争を始めるのか、世界が固唾を呑んでいる最中だったのだ。

二十分近くあがり続けていた炎も、やがて弱まり、誕生日のロウソクのように、「一、二の三!」で吹き消された。温まった甘い酒で全員が乾杯して、儀式は終わりである。

「ケイマダの儀式」とは、オドロオドロしいものでもなんでもなく、この地方の、心のこもったもてなしの一つであるらしい。

ボウルに残った酒は、先ほど空けられた瓶に、そっくり返された。果実酒と思ったものは、前回のケイマダの残りだったようだ。こうやって、ケイマダに使われ、新たな力を得て再び瓶に戻り、また次のケイマダに使われ……と、何十年もの記憶を持ち続けながら瓶の中に眠っているのだろう。

◆

有名な「鉄の十字架」は、イラゴ山を登りつめたところに立っていた。十メートルほどの丸太の上に据えられた、素朴で小さな十字架である。このなんてことのない十

イラゴ山の頂上には「鉄の十字架」が立っていた。私も石を一つ積んでいった。
©テレビ愛知

字架を心の支えに、巡礼たちは荒涼とした山道を黙々と歩く。十字架のまわりに積もうと、一人一人が小さな石をたずさえている。

巡礼たちによって積まれた石は、千年の時を重ねて小山となっていた。

「巡礼の道はキリストが生まれる前からあったって、言ったよね」

石の山にのぼりつつ、パウロが言った。

「ここが、その証拠さ」

シーザーがこの地に攻め入ったとき、旅の守り神、マーキュリーに捧げるために、石を積んだ。それが始まりだという。すると、この小山は、千年どころか、二千年の時を重ねているわけか。

そういえば、日本でも、ときどきこういう石積みを見ることがある。山の上や分かれ道、お地蔵さんの横に積んであることも多い。洋の東西、こんなに隔たっていても、祈る心の表わしかたは一緒なのだと知ると、なんだかそれぞれの神様までが近しく思われる。

十字架のわきに、私もひとつ石を積んだ。何か願い事をと、スタッフにフェルトペンを渡されていたが、情けないことに、なかなか「コレ」と決められない。それでもなんとか一つに絞って、石の上に小さく書きつけ、こっそり見えないように隠し置いてきた。

だが、十字架から遠ざかれば遠ざかるほど、場違いなことをしたような気がしてならない。サンティアゴの「栄光の門」もそうだったが、あそこは無心に「祈る」場所であって、欲深に「願う」ところではなかったのではなかろうか。まわりに置いてあった石にも、何か書いてあった気配はなかった。

「鉄の十字架」と前後して、あたりの景色は急に赤茶けてきたように思う。置き去りにされたような村をいくつも通ったからだろうか。

何人かの巡礼たちに訊いてみたところ、巡礼道のハイライトは、なんといってもレオンだという。

「大聖堂のステンドグラスが素晴らしいの」

「あそこは、是非行かなくっちゃ」

だが、実を言うと、私は大聖堂にはいささか食傷気味である。フランス、ドイツ、イタリアと、大きな街に行くたびにまず大聖堂に連れて行かれ、ゴシックもルネサンスもバロックも、すべてが頭の中でごっちゃになっているから、もはやどこを見ても同じような気がしてしまうのだ。ステンドグラスが素晴らしいといったって、パリのノートルダム寺院の薔薇窓と、素晴らしさにどれほどの違いがあるだろうか。

しかし、レオンの大聖堂に一歩入るなり、あっと息を呑んだ。こんなに惜しげもなく、ステンドグラスが使われている聖堂を、私は見たことがない。堂内は荘厳な光の洪水である。

「石の堅固さと、ガラスのもろさ……」

かたわらでパウロが呟く。

強さと弱さのバランスがギリギリで、それがこの危ういような美しさを生んでい

レオン大聖堂のステンドグラス！
荘厳なる光の洪水である。
撮影　野中昭夫

る。これ以上、ステンドグラスを増やせば、石の重みに堪えかねて、崩れてしまうかもしれない。反対に、堅牢さを求めて、もう少し石の部分を増やせば、この華麗さ繊細さが失せ、武骨になってしまう。

「人も強いばかりじゃだめなんだね」

パウロは言葉を続けた。

「弱さも、また大切なんだ」

識字率の低かったむかし、多くの人は大聖堂の壁面に、天井に、ステンドグラスに、聖書の物語を読んだ。「石の本だ」とパウロは言うが、この大聖堂を本にたとえていうならば、とりどりの色が使われた、とびきり美しい絵本だろうか。

レオンからブルゴスと、平坦な道が二百キロ近くもダラダラと続く。車で行けば二時間ほどの、居眠りにちょうどいい道だが、巡礼たちにとっては、違う。道のりははるかに遠く、来る日も来る日も、行きかう車の排気ガスを浴びて歩きながら、心が倦んでゆく、試練の場所である。

ここを歩き切れば巡礼の道は半ばを越え

パウロのオススメの場所。サン・アントンの修道院の廃墟。　撮影　野中昭夫

る。しかし、ジリジリと太陽に炙られながら、カスティーヤ平原を渡ってゆく旅人の姿は、切ないほどちっぽけに見える。孤独な巡礼たちにとって、レオンは久しぶりの都会。大聖堂の美しさに心が洗われるのはもちろんのことだが、街の賑わいそのものを、オアシスと感じる人も多いのではないだろうか。

　人生とカミーノは、なぜこうも似ているのだろう。「いちばんしんどかったのは山道ではなく、平らな道がエンエンと続いていたところ」などという言葉を聞くと、自分の取るに足りない半生を振り返って、妙に納得してしまう。山道を登るのは、それは苦しいだろう。しかし登ることに懸命で、その苦しさをアレコレ思い煩う暇がない。平坦な道を歩くのは、肉体的にはそうきつくない。だが、歩けど歩けど変わらない景色に、いつか嫌気が忍び寄る。

　この道沿いにも、パウロの「オススメ」の場所が用意されていた。

　ひとつは、サン・アントン修道院の廃墟。

「ここには、神のエネルギーを感じるんだ」

　と、カミーノにかかる崩れかけたアーチとアーチの間に立って、パウロが言った。倦み疲れた巡礼たちも、そのエネルギーをもらって、歩き通す決意を新たにするのだという。

　私も、二つのアーチの真ん中に立って、空を見上げてみる。その青さがまぶしいだけで、とくに「何か」は感じられない。

　アーチをつなぐ壁には、四角い穴が二つうがたれていた。巡礼がさかんだった中世には、ここに食べ物が供されていたらしい。いまは、無数の紙切れが、風で飛ばされないようにと、石ころで留められて並んでいる。

「郵便局の役割をしているのさ」と、パウロ。

　一枚を取り上げて、読み始めた。

「クリスティーナへ。レオンで会いましょう。レオンでなければコンポステラで。とにかく頑張って歩きましょう。神様のご加護がありますように。マリア」

　ところせましと置かれたメモは、後からやって来る友達にあてられたものばかりではないような気がした。別れた恋人にあてたもの。いまは亡い人に書いたもの。神にあてたもの。

　隅のほうに押しやられた紙切れは、色あせ、カラカラに乾いてまるまり、土ぼこりが積もっていた。誰に読まれることもなく、文字はやがて消え、紙は土へと帰る。だが、そこに記された思いは、何らかの形で伝わるような気がしてならなかった。やはり、その場所に「何か」普通ではないものを感じていたからかもしれない。

続いて連れて行かれたのは、プエンテ・フィテロという橋のたもとである。橋の下には、日の光をきらめかせながらゆったりと川が流れ、遠くに釣り人が見える。

その橋から百メートルほど行ったところに、小麦畑に囲まれて、ポツンと、石造りの素朴な建物がたっていた。

「なぁに？」と、パウロに訊くが、「儀式」と言うだけで、詳しくは教えてくれない。

建物の中はヒンヤリとして、薄暗かった。小さな窓からわずかばかりの光が射し込んでいる。その光を頼りに、目を凝らしてみると、一方の壁のまんなかに、小さなキリストの磔刑像が掛かっていた。ガランとした殺風景なつくりだが、どうやら教会らしい。

十字架の前には、革張りの椅子が一脚置かれている。パウロの指示でそこに腰掛けると、茶色のケープを羽織らされた。ケープの両肩には、巡礼のしるしである帆立貝が縫い付けられている。パウロが、私の足もとにひざまずいて、私の靴と靴下を脱がせ始めた。一体何ごとかと恐れをなしながらも、私はパウロにされるがままである。

私の足の下には、白いホウロウのたらいが置かれている。パウロは眼鏡をかけ、胸元からアンチョコを取りだして、何やら典礼文のようなものを唱え始めた。唱えながら水差しで水をかけ、足を洗い、そして接吻する。

私は、キリストに足を洗われたペテロのような気持ちになる。

「私の足など、決してお洗いになりますな」


「洗足の儀式」をほどこされた。

キリストに足を洗われたペテロの気分。

©テレビ愛知

だが、パウロは大真面目である。私も厳粛にならざるをえない。

　そこは、サン・ニコラス教会だと、後から教えられた。巡礼が多い夏には、一日にいっぺん、ここで「洗足の儀式」がほどこされる。参加した巡礼たちは一様に感動し、涙する人もいるという。足にマメをこさえながら、歩いてここにやってきたわけではない私も、少なからず胸を打たれていた。

　カミーノには、不思議な霊気が漂っている。このうら寂しい、小さな古い教会にも、そうした霊気を感じる。「霊気」とまでは言えないかもしれない。なんだろう。歴史の人口密度……、とでも言おうか。一通りではない深い思いを抱えてこの道を歩いた、何百万、いや何千万もの人々。カミーノには、縹渺たる原野にさえも、先人たちの足音や息遣いや祈りが満ちているような気がするのだ。


カミーノをゆく二人の巡礼。 撮影 野中昭夫

◆

　ブルゴスは雨だった。身体にまとわりつくような、細い雨。カラカラに乾ききった身体が、やっと息を吹き返す。

　道筋の眺めも、心なしかまた変わったようである。丘が多くなり、羊が草を食むような、牧歌的な風景が広がっている。

　ブルゴスからそう遠くないところに、巡礼者にニンニク・スープをサービスする教会があるという。ニンニクと聞いて、身体が急にそれを欲し始める。そうだ、長い道を歩くものに必要なのは、優しい雨とニンニクなのだ。

　だが、サン・ファン・デ・オルテガを訪ねてみたら、ニンニク・スープはもう供されてはいないという。評判が評判を呼び、巡礼者もそうでないものも殺到して、間に合わなくなってしまったのだそうだ。

　悄然と雨の中を歩く私の耳に、明るいサンバのリズムが聞こえた。教会の隣の建物が、なんだかやたらと賑やかである。窓から覗いてみると、いつの間にかパウロが、歌い踊る若者たちの輪の中にいる。

「ブラジルから来ている連中なんだ!」

　パウロがニコニコ顔で言った。

　教会の隣は巡礼宿で、そこは談話室であるらしい。窓の外を行くパウロを、同国人の巡礼のひとりが目ざとく見つけて、お祭

り騒ぎになったのだろう。

　だが、まったくパウロのエネルギーと包容力には感服する。初めて会ったとき、お供のような人たちがゾロゾロいたので、さすが世界的な作家、秘書とか運転手とか編集者とかが、いつも一緒なのかなと思っていたら、運転するのはパウロ、スタッフと打ち合せするのもパウロ、地図を読むのもパウロ。まわりにいたのはみな、道で出会って、意気投合したり、縁を感じたりした巡礼者だった。

「本を書いた責任も、もちろんあるけど」

と、パウロは言った。

「ボクも、みんなからエネルギーをもらっているんだ」

　だが、さしものパウロも、その日の宿、サント・ドミンゴ・デ・ラ・カルサーダに辿り着いたときは、ヘロヘロになっていた。「力をつけなくっちゃ」と言って、分厚いステーキをご注文なさっている。

　サント・ドミンゴ・デ・ラ・カルサーダは、しっとりしたたたずまいの小さな町である。

　サント・ドミンゴ（聖ドミンゴ）とは実在の人物で、十一世紀、巡礼者のために、この地に道を敷き、橋を架け、救護院をつくった人だという。カルサーダは、石畳の道という意味。

　そのサント・ドミンゴが眠る、大聖堂が珍しい。扉を開けると、すぐ目につくところに、ひとつがいの生きた鶏が飼われているのだ。

　堂内に飾られている物語風の絵を見ながら、パウロがそのわけを説明してくれた。

　むかしむかしのこと、この町で罪を着せられ、縛り首になった巡礼がいた。だが巡

サント・ドミンゴ・デ・ラ・カルサーダには
つがいの生きた鶏が飼われていた。
撮影　野中昭夫

礼は、吊るされたまま、ひと月たってもまだ生きていた。

「私は無実です。サント・ドミンゴ様がお守りくださっています。判事様にそう言ってください」

両親はその声を聞いて、判事のもとに走る。しかし、判事は取り合わない。今しも食べようとしていた、鶏の丸焼きを見ながら、フンと鼻で笑って言った。

「そいつが生きているんなら、この鶏も生きているだろうさ」

すると、あらあら不思議、皿の上の鶏がすっくと立ち上がり、歩き始めたという。

大聖堂の裏手の、小さなワイン屋さんで、リオハ・ワインを何本か買った。

「マドリードより、ずっと安いですよ」

と、番組のコーディネーターが耳打ちしてくれたからである。

リオハ、ナバラと、カミーノはワインの名産地を辿っていく。ウネウネと連なる丘陵に、葡萄畑が見える。オリーブ畑も見える。

「この素晴らしいワインで
乾杯して、幸運を祈りなさい」。
ある醸造所の石の壁にて。

ある醸造所の石の壁には、「巡礼たちよ！」と、美しく字が刻まれた、鉄のプレートが掲げてあった。

「元気溌剌でサンティアゴに辿り着きたければ、この素晴らしいワインで乾杯して、幸運を祈りなさい」

マントに帆立貝、杖にひょうたんという、お馴染みの巡礼のレリーフの下に、帆立貝に縁取られた二つの水栓がしつらえてある。一つはvino（ワイン）用、もう一つはagua（水）用。栓をひねると、ワインが勢いよくほとばしって、グラスの中が赤く泡立った。口に含むと、少し酸っぱい。

「パンとワインがあれば、道はひらける」

プエンテ・ラ・レイナとは
「王妃の橋」という意味。
その名にたがわぬ美しい橋。
川に映る街並みも趣がある。

旅のはじめに、パウロから教えられたことわざを思い出す。「パン」はキリストの身体、「ワイン」はキリストの血と、聖書にあった。「パンとワイン」とは、すなわち、キリストのことなのだろうか。

「神様さえともにあれば、生きてゆける」

しかし、神様とともに歩んでいる人ばかりではない。サンティアゴ巡礼道が世界遺産に登録されたということもあってか、物見遊山の不信心な旅人がずいぶん増えた。

「このごろでは、車で乗りつけて、大きなポリ容器いっぱい持っていっちゃう人があるんですよ」

と、醸造所の社長さんが苦笑いしていた。

プエンテ・ラ・レイナで、巡礼の道は二本に分かれる。

私の旅も、いよいよ終盤である。だが、ホンモノの巡礼たちの旅は、始まったばかり。ピレネーを越えてやって来た人にしてみれば、ここでようやく道が一つになるわけで、合流点に立つ巡礼像を見て、ここからが本格的な巡礼の始まりと、決意を新たにするに違いない。

プエンテ・ラ・レイナは「王妃の橋」という意味で、その名にたがわぬ美しい橋が、私たちをしずしずと町の中へと導き入れてくれる。アルガ川に映る街並みも、これまたゆかしく趣がある。

だが、その優美な町に似合わぬ、荒々しい祭りが、今夕行われるという。ナバラ名物の「牛追い祭り」である。

祭りって、最初のうちはあんまり盛り上がらないでしょと、たかをくくって、その夜の宿があるパンプローナで一休みし、のんびり戻ってみると……、遅かったらしい。橋からの入り口も自動車道からの入り口も、町なかの通りは、みんな粗い鉄格子のゲートでふさがれている。牛が飛び出さないようにするためで、人間は身体をはすかいにすれば自由に出入りできるのだが、入ろうとすると、「あぶない、あぶない！」と、見物人たちに怒鳴られる。

あぶないはずの通りにも、たくさん人は

いる。なんとかして牛を興奮させようと、バケツを叩いて音を出したり、反射板をチラチラさせたり。後ろからそっと牛に近づき、思いきりひっぱたいたり、つついてみたりするものもいる。怒って牛が振り返ると、戸板を楯がわりにして、慌てて建物のすき間に飛び込む。この間一髪ぐあいが、たまらないのだろう。

十頭ばかりの牛が、次々と追われてくるのは、サンティアゴ教会から「王妃の橋」にいたる、巡礼道である。教会前の広場がメイン会場になっていて、つわものどもが大勢集まっており、そこがいちばん「怖く」て「面白い」らしいのだが、私は鉄格子の前から動けずにいる。「巡礼さんが死んだこともあるんですって」と聞いていていは、「あぶない」と言われるのを押し切るまでの好奇心は出てこない。だが、広場で力を使い果たしてくるのか、牛は思ったよりもおとなしい。ときどき、途方にくれたような目をして、通りの真ん中で立ち止まっている。手を伸ばせば、その手にすり寄ってきそうな、いたいけなさなのだった。

◆

最終日は、パンプローナから、一気にピレネーを越え、フランスはサン・ジャン・ピエ・ド・ポーに入る。

ピレネーに近づくほどに、緑は深くなっていった。ピレネーは、サンティアゴ巡礼最初の、そして最大の難所といわれる。吹雪や霧で道に迷い、命を落とした人も多くいたらしい。

しかし、古戦場ロンセスバイェスのカミーノは、穏やかな美しい並木道だった。木々の枝が差し交わして自然の天蓋をつくり、チラチラとこぼれる光が、苔むした石垣や、降り積もった落ち葉の上で、陽気に踊っている。

「パウロは魔法っていうか、超能力みたいなものを持っているんだよね」

気持ちのいい道をぶらぶらと歩きながら、テレビのスタッフが言った。

あぶない、あぶない！
パンプローナの名高い
「牛追い祭り」の光景。
撮影　菅原千代志

「まあね」

パウロがニヤリと笑う。『星の巡礼』の原題が、『魔法使いの日記』であることは、すでに書いた通り。

「風を起こすことはできるかな。次の峠では風が吹いていると思うよ」

その言葉通り、イバニェタ峠では、風がヒューヒューと唸り声をあげていた。

「そこが、もうフランスだよ」と、指をさされたほうをのぞき込んだら、押されてそのまま谷底まで転げ落ちていってしまいそうな風である。だが、これがパウロの業かどうかは、限りなく怪しい。ここには、いつだって風が吹きすさんでいるような気がするからである。それが証拠に、ついさっきまで私を優しく包んでくれていた木々が、この峠には一本もはえていない。背の低い草が、波のように膝元で逆巻いている。

マイクで二人の会話を拾おうにも、風でかき消されてしまうので、

「ねえ、風をやませることはできないの?」と、お願いしてみたが、パウロは聞こえないフリをしている。

かたわらには、武骨な石の碑が立っていた。なんだか捨て置けない感じがして訊いてみたら、それはロンセスバイェス(ロンスボー)の戦いをうたって有名なローランの碑であるという。だが、碑の顔になっていた、剣と金棒のオブジェがどこかに持ち去られていて、まるでのっぺらぼうといった面持ちである。これも、心ない旅人のしわざなのだろうか。

峠を越え、フランスに入るとたちまち言葉が変わる。景色も、風の匂いも、光の色も変わってしまう。サン・ジャン・ピエ・ド・ポーは、パウロが十五年前に、サンティアゴへと出発した町である。

「奇跡をいくつも見たよね?」と、今回の旅を振り返りながら、パウロが言った。

パウロの言う「奇跡」とは、結局、なんだったのだろう。この世のものとは思われぬ光に包まれたり、空中を浮揚したり、なんていうことは一切なかった。

ただし、奇跡が起こったという場所は、

有名なローランの碑。
だが、碑の顔であるはずの
剣と金棒のオブジェがない!
心ない旅人のしわざ?

たくさん通った。そもそも、奇跡が起こってサンティアゴの墓は発見されたわけだし、クラビーホの戦いにサンティアゴが現われたのも、奇跡である。サント・ドミンゴ・デ・ラ・カルサーダのような小さな町にも、奇跡はあった。

篤い信仰心が、道を作り、橋を架け、建物を築き、奇跡を生んだ。カミーノでは、その一つ一つが魅力的である。

だが、何よりも心に残ったのは、八百キロの道を行くなかで出会った人々であり、その人たちがカミーノに抱えてきた思いだった。

カミーノは人生の縮図と、よく言われる。カミーノを歩くうちに、自分の人生を客観的に眺めることができる。自分にとって本当に大切なものが、見えてくることもある。

「ここまで歩いていると、道が私を押してくれる感じがしてくるんですね」

と、多くの巡礼が言った。

「自分が道になっちゃったみたいな……」

パウロも、最後の難所であるセブレイロ峠で、自分は道に「歩かされている」ことに気づいたという。そして、初めて「宝」のありかを知った。「宝」とは、ずっと心の奥深くに眠っていた「夢」。つまり作家になること。夢に向かって迷わず歩き始めさえすれば、必ずやそこに行きつけることも確信した。

あれはどこだったろうか。サンティアゴから、それほど遠くないところだったと思う。背の高いフランス人の巡礼とすれ違った。ほかの巡礼よりもいくぶん年輩に見えたので、お年を伺うと、七十五歳という。

「数年前に、娘を交通事故で亡くしましてね」

と、老人は、問わず語りに話し始めた。

「続いて、妻もガンだと診断されたんです」

いつかサンティアゴに詣でてみたいと、何年も前からぼんやりと考えていた。「いつか」「いつか」と先延ばしにしていたが、いまがそのときではないか……。

「ひとりで歩いているわけではありません」

太陽がまぶしいのか、少し目を細めながら、老人は、静かに微笑んで言った。

「いつも娘が一緒です」

あの巡礼は、無事にサンティアゴに辿り着いただろうか。「栄光の門」に手をついて、何を祈ったのだろう。

車があり、電車があり、飛行機があり、という時代に、ただひたすら歩く人がいる。テレビからもインターネットからも離れ、携帯電話も持たず、向かい合うのは自分。どこまでも、自分。

重い荷物を背負ってカミーノを歩いているとき、亡くなったお嬢さんは、生きていたどのときよりも、お父さんの近くにいたのではないだろうか。この道を歩いた、幾千万の巡礼の魂が、それに力を貸してくれたのではないだろうか。

私は、そう信じたい。

ありがたいことに、サンティアゴへの道は、それが信じられる道なのである。

ふたつの祝祭
Fiesta de Pamplona

パンプローナの「牛追い祭り」

撮影 菅原千代志

巡礼路沿いの都市パンプローナのサン・フェルミンの祭りは、スペイン三大祭りのひとつに数えられている。その目玉は「牛追い」。男たちは牛とともに勇敢に走り回る。右頁は、1週間にもおよぶお祭りのエンディング。全員がロウソクを手にして広場に集まってくる。

[左] 牛を追うというか、
牛に追われるというか……。
これが男たちにとっての勲章。
[下] ケガ人が出ることも
決して珍しくはない。

[左] サン・フェルミン像。
7世紀初め、この地方に
キリスト教を広めたという。
[左頁] 宴の開幕の瞬間。

白いシャツ、白いズボンに、真っ赤なスカーフ。市民たちは、皆このいでたちで市庁舎前に集まる。そこにシャンパンシャワーが降り注ぎ、宴の開幕！

かのヘミングウェイが『日はまた昇る』の中で紹介して、この祭りは世界中にその名を知らしめることとなった。パンプローナのサン・フェルミンの祭りである。

この祭りのメインイベントは、なんといっても「牛追い」。アンダルシアから運ばれてきた選りすぐり（？）の猛牛たちが放たれると、それを追って、男たちも走る走る走る走る……。その距離約八百メートル、時間にして二分間ほど。ゴールは闘牛場だ。

明け方まで、町中が飲んで歌って踊り続けるサン・フェルミンの祭りは、毎年七月上旬の一週間、開催。

ふたつの祝祭

Fiesta de Santiago

サンティアゴの「祭日」

撮影 菅原千代志

七月二十五日は、聖地サンティアゴ・デ・コンポステラの祭日。大聖堂前には、色とりどりの衣装を身にまとい、優雅に舞う美しき女性たちの姿があった。衣装は各地方の民族衣装だという。

一方、大聖堂内は、祝日のミサのために、入りきれないほどの信徒で埋めつくされていた。そんななか、ぶら下げられた巨大な香炉「ボタフメイロ」が、うなりをあげて振り回され、独特の香りを大聖堂の中に振りまいていた。香りと煙による、神の祝福である。

©鎌澤久也／芳賀ライブラリー

巨大な香炉に香を焚き、
これを大きく振り回す。

《聖ヤコブの亡骸の移送》
［部分］牛たちが女王の館へ
遺体を運んでいく光景。
プラド美術館蔵

巡礼の道、ロマネスクの道

Camino de Santiago, Camino del Románico

五十嵐見鳥《いがらし・みどり》◎美術史家

中世キリスト教世界には、三つの大巡礼地があった。第一はキリストの生涯をたどり墓をおがむエルサレム。第二が、聖ペテロの墓のあるカトリック教会の大本山ローマ。そして第三が、イベリア半島の北西端、ヨーロッパの「地のはて」ともいうべき場所にあるサンティアゴ・デ・コンポステラである。イスラム教徒の手中にあったエルサレムへの旅は、庶民にとってはあまりにとおく、危険が多い。ローマは、アルプス越えの難所があるにしても、はるかな聖地にようやくたどり着いたという感動にはいささか欠ける。それゆえに、フランス、ドイツ、イタリア、イギリス、北欧――ヨーロッパ中の人々は、第三の地サンティアゴ・デ・コンポステラをめざして歩いた。最盛期の十二世紀には、そのかず年間五十万人にのぼったという。なにがかくも多くの巡礼者たちをこの聖地に惹きつけたのか。そこに、聖ヤコブの墓があったからである。

聖ヤコブとは、キリストの十二使徒のひとりで、福音書記者ヨハネの兄にあたる。十二使徒のもうひとりのヤコブと区別するために大ヤコブと呼ばれてきた。聖ヤコブのスペイン語読みが「サンティアゴ」である。伝説によれば、聖ヤコブはキリストの昇天後スペインを伝道して歩き、そこで獲得した九人の弟子のうち七人をつれてユダヤにもどったが、エルサレムで殉教した。その亡骸は海へとはこばれ、ひそかに舟にのせられる。神の思し召しにゆだねられ、風まかせに航海をつづけ、着いたところがイベリア半島の北西、ガリシア地方の海岸であったという。ときは流れて八一三年、隠者ペラギウスが幻視を見る。光、天上の音楽、天使が聖ヤコブの遺骸があることを示す。近隣の信者たちも超自然の輝きを見つける。司教が三日間の断食の後、星の指し示す丘へと信者たちとともに向かい、大理石で覆われた墓を「発見」した。

キリストの死後、十二使徒が各地に伝道

ロマネスク美術の傑作2点。
[上]パンプローナ大聖堂回廊の柱頭。
[下]サングエサの教会「最後の審判」。
撮影 野中昭夫(〜123頁)

布教したのは事実だが、大ヤコブがスペインに行った確証はない。大ヤコブのスペイン伝道に関して最初に記述するのは五〜六世紀の文献であり、歴史的事実とはほど遠いとおもわれる。見つかった墓も、おそらく古代ローマ時代の金持ちの墓であろう。しかし、その場所にはすぐさま教会が建てられ、改築に改築をかさねて、ついには現在見るような大聖堂となる。さて、八〜九世紀のイベリア半島だが、大部分がアフリカから侵入したイスラム教徒の支配下にあり、キリスト教徒は半島の北辺部に追いやられていた。現状を打破し、イベリア半島を異教徒の手から取り戻す。そんな願いをいだくキリスト教徒たちにとって、聖ヤコブのスペイン伝道の伝承は心のささえだった。八四四年、キリスト教徒とイスラム教徒が対決したクラビーホの戦いでは、騎士姿の聖ヤコブがあらわれて兵士たちを鼓舞し、キリスト教軍を勝利にみちびいたという。それ以来、聖ヤコブは異教徒との戦いの守護聖人ともなり、サンティアゴ・マタモロス（ムーア人殺しの聖ヤコブ）の呼び名もうまれた。かのセルバンテスが書きとめた「サンティアゴ・イ・シエーラ・エスパーニャ！」なるときの声は、日本流にいえばさしずめ「南無八幡、突っ込め！」といったところだろうか。

サンティアゴ・デ・コンポステラへの巡礼路は、ヨーロッパ中に網の目のようにひろがっていた。ベルギーや北ドイツからの巡礼たちは、北フランスのパリとヴェズレーで、スイスやイタリアからの巡礼たちは南フランスのル・ピュイとアルルで集合する。この四つの町から発した巡礼路は、途中でさらに多くの巡礼路と合流しながら、イバニェタ、ソンポルトの二つの峠でピレネー山脈を越えてスペインにはいり、プエンテ・ラ・レイナの町でひとつになる。ピレネーからコンポステラまで、イベリア半

サン・マルティン教会蔵の聖ヤコブ像。ヒョウタンに杖、典型的な巡礼スタイル。

島の北辺を西へ西へとつづくこの道の一帯は、ナバラ王国やアラゴン王国など、キリスト教徒の国々がなんとか支配をたもっている地域であった。

今にのこる、コンポステラへの最古の巡礼の記録は九五一年のものだが、巡礼がとりわけさかんになるのは十一世紀以後のことだった。そのころ、ローマ教皇やクリュニー修道会が西の十字軍、すなわちスペインのレコンキスタ（国土回復戦争）を呼びかけ、大勢の貴族や騎士たちが、また聖職者たちがピレネーを越えた。貴族、騎士たちは異教徒との戦いに参加し、聖職者たちは修道院や教会を続々と建立する。彼らの用をみたすため、商人、職人、旅籠屋、両替商などもやってきた。巡礼の増加もこうした流れの一環なのである。

巡礼の道は天国へ通ず

中世のキリスト教徒にとって、「巡礼」とはいったいどういう行為だったのだろうか。純粋な信仰心や懺悔の気持ちによるものから、病気平癒のような現世利益、さらに物見遊山を目的としたものまで、巡礼の動機はじつにさまざまである。自発的なものともかぎらず、裁判によって、巡礼が刑罰として科された例もかなりあった。たとえば殺人犯ならば、犯行にもちいた武器を溶解してつくった鎖や首かせをつけ、ときには裸足で巡礼地へむかう。鎖や首かせが磨滅し、汗や脂で腐って自然に外れたとき、あやまちが償われたとみなされたのである。こうした多種多様な巡礼すべてに共通していたのは、巡礼地までの道程が、辛く苦しいという現実だろう。つまり、殉教者や苦行者の苦しみをいささかなりとも追体験する意味があったにちがいない。殉教者たちはかならず天国に入ることができたし、中世人は「天国へゆかねばならない」という強迫観念を確実にもっていた。教会側も、大巡礼をおこなう者は、かならず天国にゆけると約束し、奨励し、大宣伝している。足にまめをつくりつつ歩くことは、天国への道を前進することに他ならなかった。

巡礼には、より民間信仰的な要素もあった。聖職者など一部をのぞけば、大部分の人々が文盲であった中世、「超越的な神の力」を伝えるために、まず壁画や彫刻がつかわれた。だが、そうした絵解き以上の効果で、中世人を信仰へとかりたてた究極のもの、それは「驚異」とか「神秘」などの現象である。いつの時代、どこの世界にも、これこれの泉の水にふれれば病が癒えるといったたぐいの信仰がある。中世のキリスト教世界では特に、「聖遺物崇拝」がさかんだった。聖人の骸骨、毛髪、歯、衣服、殉教の際の道具……とにかく聖人の徳がしみこんでいる全てのものに、さまざまな効験があると信じられていたのである。人々はこれら聖遺物に対して祈り、手で触れ、ときには断片を掻きとってお守りにしたり、煎じて呑みさえした。サンティアゴ巡礼のばあいにも、巡礼者たちは、ただ一路コンポステラをめざしたわけではない。途

サンティアゴ・デ・コンポステラの地下聖堂には聖ヤコブの亡骸が納められた柩がある。

中途中の教会や修道院が所有する聖遺物をも拝みつつ、彼らは進んだのである。もちろんサンティアゴ・デ・コンポステラの大聖堂にも聖遺物がある。十五世紀のある巡礼者の手記によれば、巡礼たちは木の梯子をのぼって大祭壇上の聖ヤコブ像に近づき抱擁し（これは今でもやっている）、その冠をとって自分の頭へのせた。聖ヤコブの巡礼杖なる聖遺物もあったし、なにより大祭壇下の地下祭室には聖ヤコブの遺骸が鎮まっている。もっともこの聖遺骸は、盗難を警戒して拝観はゆるされていなかったのだけれども。

巡礼保護の〝国際法〟も誕生

では中世の、コンポステラへの平均的な巡礼者像とはどういうものだったのであろう。巡礼におもむく者は、まず商売を休んだり、留守をたのんだりの算段をしなくてはならない。路銀を調達し、領主からは通行手形を、教会からは巡礼であることの証明書を発行してもらう。頭巾あるいは帽子をかぶり、歩きやすいように前のわれた長衣をまとい、半靴かサンダルをはく。食料や通行手形などをいれる頭陀袋、水やブドウ酒をいれるヒョウタンを肩にかけ、手には巡礼杖をもつ。杖は歩くためだけでなく、蛇や犬や狼をおいはらうのにも役立つだろう。それから、サンティアゴ巡礼のしるしである帆立貝も身につける。手頃の容器としてももちいられたこの貝殻は、もともとは巡礼一般の象徴であったが、やがてサンティアゴ巡礼のみの象徴となる。コンポステラの大聖堂にのこる『聖ヤコブの書』（十二世紀）には、「エルサレムから帰る人々はシュロの葉をたずさえる。サンティアゴから帰る人々は貝殻をもっている」とある。当初はこのように、巡礼の記念にもちかえるものだったのが、いつしか往路にも身につけるようになった。この貝は、巡礼をはたした人の墓石に刻まれたり、棺におさめられたりもした。フランスではその名をコキーユ・サン・ジャック（聖ヤコブの貝）といっている。

出発の日。巡礼は、所属の教会で祝福をうけたのち、みなに見送られて旅路につく。馬にのったり、お供を連れての豪勢な巡礼は、庶民には縁がない。人里はなれた霧ふかい夕暮れ道ではかなたに聞こえる教会の鐘の音だけが、山地では小石をつみあげた道標だけがたよりである。道づれになった者同士はげましあい、神や聖人をたたえる巡礼歌を口ずさみながら、聖ヤコブの墓をめざす。中世の巡礼者は、一日に三十～四十キロを歩いたというが、ピレネーの峠から先だけでも、三～四週間はかかる道のりである。道筋にそっては、巡礼のために救護院がもうけられていた。救護院では、まず巡礼の汚れた足をあらって歓迎の儀式とし、夕食にはパン、スープのほか、ブドウ酒かリンゴ酒をふるまい、翌朝は弁当としてパンと飲み物をあたえる。附属の礼拝堂もあり、司祭がいて説教し懺悔を聞き、聖体拝領をおこなう。病んだ巡礼の世話、死者の弔いもしてくれる。こんな施設もなければ、宿屋もない場所もある。そんな夜には、農家の納屋や家畜小屋に泊めてもらうか、野宿しかない。

天災人災をとわず、巡礼には危険がいっぱいである。十二世紀に書かれた「サンティアゴ巡礼案内記」は、巡礼中の危険のかずかずを列挙している。飲んではいけない悪い水、法外な舟賃を要求するピレネー山麓の渡し舟の船頭。わざと舟を転覆させて人や馬を溺れさせ、持ち物をうばい、馬の皮を剝ぐ船頭すらいる。不法に税をとりたてる徴税人、道案内をよそおった追剝、修

[上]『聖ヤコブの書』。
[下]その本のなかの
「サンティアゴ巡礼案内記」。
コンポステラ大聖堂古文書館蔵

道士になりすましてミサをあげる詐欺師。両替屋、旅籠屋、商人のなかにも外国からきた巡礼を食い物にしようとする輩がいる。さまざまな危険から巡礼者をまもるために、十二世紀後半には一種の国際法がうまれた。巡礼者とその荷物や馬に通行税をかけないこと、物を売る際、目方や長さをごまかさず、土地の人とおなじ値段で売ること、さらには巡礼が宿で死んだばあいの、所持品のわけかたまで規定された。

こうした同情や保護をあてにできた巡礼は、だから悪漢どものかっこうの隠れ蓑となった。物乞いにはじまり、スパイ、詐欺師、強盗までが、これみよがしに貝殻を身につけ、巡礼姿をよそおったため、逆に本物の巡礼までが恐れられるようにすらなる。偽巡礼から区別されるためにも、巡礼証明書は必要だったのだ。巡礼者のコンポステラ滞在が三日以内とかぎられていたのも、こうした巡礼姿の悪漢たちの存在があったからであった。

巡礼路が〝運んだ〟ロマネスク

コンポステラへの道をたどった雑多な旅人たちのなかには、各種の工匠たちもいた。彼らは工房を組んで移動し、各地で教会や修道院の建設に従事する。コンポステラでは十一世紀末頃、フランス人らしき老ベルナール親方とロベール親方が五十人ほどの石工を指揮して、大聖堂の建造にあたった。一一〇一年には、エステバン親方がコンポステラからパンプローナへとまねかれ、大聖堂建造を指図した。キリスト教徒である彼らは、なかば巡礼の心をもって仕事場におもむき、その作品は聖ヤコブへの奉納物だったのに違いない。コンポステラへの巡礼路沿いのおおくの教会や修道院に見られる建築や美術の様式を「ロマネスク」と呼ぶが、こうした工匠たちこそ、このロマネスク様式の担い手に他ならない。

ロマネスクとは、十九世紀にうまれた美術史用語である。当初は、漠然と中世の建築・美術全般をさし、西欧にのこるローマ帝国属州時代の神殿や大浴場の遺跡を稚拙に模倣したもの、という軽蔑のニュアンスがこめられていた。しかし、現在では十一～十二世紀頃の西欧各地に同時多発的にうまれた、特定の様式をさすようになり、西欧美術における最も創造力ゆたかな領域のひとつと考えられている。

ロマネスク美術の特徴は、建築の部分部分の枠のなかで、人物も動物ものびたり縮んだり、丸まったり、角張ったり、空間の構造にしたがいながらもモティーフの存在感を充分に発揮させてゆくところにある。たとえば、柱頭彫刻によく見かける向き合った獅子のモティーフ。これは、ローマ時代のコリント式柱頭で、アカンサス葉が丸く渦巻き状になっているのを手本にしたものだが、ここでは渦巻きのかわりに伸び上がった獅子の頭が柱頭から飛び出し、視覚的に見事に、石造天井やアーチの重圧をはねかえしている。このようなロマネスク固有のシステムは、巡礼路をつうじてイベリア半島へ流入したのである。

巡礼の道沿いでは、おそらく同系列の工房が移動し、分派しながら、各地で独自の発展をとげていったらしい。類似の彫刻を各地で見ることができる一方で、全体に西へゆくほど、豊満さ、熱っぽさが増してゆく傾向がある。教会の入口上方に、しばしばとりつけられている聖人像——丸彫りに近いこれらの彫像のルーツは古代ローマの彫像であろうが、直接にはピレネーの東側、南フランスはトゥールーズのサン・セルナン教会「ミエジュヴィル門」の聖ヤコブ像、聖ペテロ像を手本としている。だが、レオンのサン・イシドロ教会やコンポステラの大聖堂の聖人像などスペインのロマネスク彫刻は、トゥールーズのものにくらべ、頬も体も衣服もふくらみを加え、いっそうのヴォリューム感をそなえている。

コンポステラ大聖堂の
聖ヤコブ騎馬像。
戦う聖人の姿を表している。

ロマネスク教会のみどころとして他に、扉口の上をかざる半円形壁面（テュンパヌム）がある。サン・イシドロ教会の「許しの門」の半円形壁面では、左端に《キリスト昇天》、中央に《十字架降下》、右端には《三聖女の墓詣で》が浮彫りされている。ちいさな壁面に三つの重要テーマが並ぶさまはいかにも窮屈である。総じて、建築の課す限られた枠の中で全体をバランスよく構成するフランス・ロマネスク彫刻と比較して、スペインの方はこのように全体の構成には無頓着で、むしろ個々の彫像の表現をたかめることに執心しているようだ。肉あつい浮彫りの騒がしさのなかに、悲壮味や感動をおしつけてくるさまは、スペイン独特の復活祭前の聖週間（セマーナ・サンタ）の行列での、はてしない宗教感情の吐露をおもいおこさせる。

　ロマネスク絵画では、レオンのサン・イシドロ教会王家墓廟の天井画をあげなくてはならない。イベリア半島におけるイスラム教徒の都コルドバにはなひらいた文化の影響をうけたモサラベ様式の写本画――そこから受けついだ華麗な色彩とくっきりとした輪郭線で、白地の壁面に《羊飼いへのお告げ》や《栄光のキリスト》などの場面がくりひろげられる。絵師も彫刻師と同様、平素の身ぶり手ぶりを再現する気はない。神の目は大きくひらいて天を見つめ、その手も巨大である。象徴性や宗教的意味を最大限につたえるため、また平面を効果的にうめるために、人体の比率は自在に変えられ、感情やしぐさは大胆に誇張されている。

ロマネスクの教会は、ゴシックの大聖堂などと比べれば、一般にそれほど規模は大きくはない。古色をおびた石づくりの姿で、朝市のたつ広場、小さな村道のわき、丘のうえ、川べりの修道院の一角、そして巡礼の道のかたわらにと、風景のなかにしっとりとおさまって、われわれを優しくむかえてくれる。堂内にはいれば、柱頭の図柄も肉眼でじゅうぶんに見える高さにある。コンポステラの大聖堂のばあい、国際的大巡礼地として、増改築があいついだため、ロマネスク、ゴシック、さらに後のバロックまで各時代の様式が混在している。一一八八年に彫刻師マテオが制作した「栄光の門」はロマネスク終盤の傑作だが、十八世紀にきずかれたバロック様式の壮大なオブラドイロ（ファサード）にすっぽりと覆われてしまった。その半円形壁面では、《栄光のキリスト》のまわりを、アーチ状に黙示録の二十四人の長老がとりまき、手に手にヴィオル（ヴァイオリンの原型）や竪琴をかなでて神の栄光をたたえている。歌と演奏――それは実際に聖ヤコブの墓のかたわらで、中世の巡礼の楽師たちが奉納したものである。

[上] サン・イシドロ教会南扉口の「許しの門」。
[下] 同教会の天井画。

コンポステラ大聖堂の
傑作「栄光の門」。
1188年彫刻師マテオ作。

サンティアゴ・デ・コンポステラへの巡礼も、最盛期の十二世紀をすぎると、大きな打撃をうけるときがやってきた。英仏百年戦争（一三三七～一四五三）は旅を困難なものにする。十六世紀の宗教改革のおりには、新教徒が、免罪符ともども聖遺物崇拝を痛烈に批判し、宗教戦争もあって巡礼は激減した。だが、カトリック教会側は、聖遺物崇拝の正当性を主張し、やがて巡礼も息をふきかえす。

現代のサンティアゴ巡礼はどうであろう。巡礼路は自動車道路に寸断され、忘れられかけた小さな教会もおおい。しかしコンポステラへは、たとえば大祭の年である一九六五年など、年間二百五十万人もの人々がおとずれている。筆者が、一九八八年七月二十四日、聖ヤコブの祭りの前日におとずれたおりにも、ドイツからきた一群の観光バスをはじめとして、大変な人出であった。「栄光の門」の中央柱の基部に触れて祈るため人々が列をつくり、堂内には人波があふれた。西正面オブラドイロ前には紅白の仮設アーチが組まれ、周辺では土産物屋が帆立貝グッズを売り、町中お祭り気分でいっぱいだった。夜、白くにごったリベイロ酒の小瓶を空けた後、広場にむかうと、大聖堂のすぐそばで花火がはじまった。パンパンと花火がうちあがるたびに群衆がどよめき、最後はオブラドイロの仮設アーチのところで仕掛け花火がきらめいておひらきとなった。

サンティアゴ・デ・コンポステラのコンポステラとは、カンプス・ステラエ（星の野原）という言葉に由来している。フランスでもスペインでも、天の川のことを「聖ヤコブの道」と呼んでいる。文字通り、星の数ほどの巡礼たちが、天の川の下のこの道をコンポステラへとたどったのである。

では予約できない。大きなホテルであれば日本から予約できるところもある。朝、出発する時に、宿泊したホテルに頼んで、次の目的地のホテルを予約してもらうという手もある。

巡礼路沿いで、四つ星以上のホテルがある都市は、パンプローナ、ログローニョ、ブルゴス、レオン、ポンフェラーダ、サンティアゴ・デ・コンポステラ。

またスペインには特有の国営ホテル、パラドール（Parador）がある（全国85カ所）。古城や領主の館、修道院等を整備したものが多く、中世の優雅なムードを味わうことができる。

巡礼路沿いでは、サント・ドミンゴ・デ・ラ・カルサーダ（四つ星）、レオン（五つ星）、ビヤフランカ・デル・ビエルソ（三つ星）、サンティアゴ・デ・コンポステラ（五つ星）にある。

救護施設

巡礼路沿いに多数あるのが、レフヒオス（Refugios）と呼ばれる救護施設。巡礼者は無料で泊まることができる。ただし原則として1泊だけ。もちろん、ただ単に泊まることができる程度の施設なので、快適な宿泊は期待しないこと。

ここに泊まろうと考えている人は、巡礼手帳を用意しておこう。巡礼手帳は巡礼路沿いの教会や救護施設で発行してもらえる。そして道中、この巡礼手帳に各地の教会、救護施設等でスタンプを押してもらうことを忘れないように。このスタンプが巡礼の証明になる。サンティアゴ・デ・コンポステラで証明書をもらう時にもスタンプの押された巡礼手帳が必要となる。

アルベルゲ（Albergue）と呼ばれるユースホステルも、巡礼路沿いには多数ある。こちらは1泊数百円程度。

食事について

レストランは、フォークの数でランク分けされている。最高級5本フォークから1本フォークまで。営業時間の目安は、昼食が午後2時から5時まで、夕食は9時から深夜まで。スペインではシエスタ（昼寝）の習慣があり、午後2時〜4時頃まで、長い昼休みとなる。この時間、レストラン以外の店でも閉まってしまうところが多いので、要注意。レストランは日曜定休日のところが多く、8月は夏休みで1カ月間閉店してしまう店もある。

またスペイン国内の各地で目につくのがバル（Bar）と呼ばれる立ち食い店。「タパス」というオードブル風の手軽な料理が大皿に盛ってあり、注文すれば小皿に取り分けてもらえる。バルは朝7時頃から夜遅くまで営業している。シエスタの休憩もない。

撮影　菅原千代志

巡礼路の歩き方指南

歩き方のポイント

1日30キロ程度を目安としよう。よほど歩き慣れている人でなければ、頑張っても1日40キロくらいだろう。

巡礼の道は、かならずしも地図に大きく載っている国道等の幹線道路とは一致していない。というよりも、むしろ一致しているほうが少ない。幹線道路とつかず離れずといった状態で続いている。

もちろん地図は携帯しておくべきだが、実際に歩いてみると、道沿いの標識が役に立つ。黄色の矢印を目印にして歩こう。近年は巡礼者の数が増え、標識も増えたので、より歩きやすくなってきている。

オススメ装備

まず何よりも重要なのが、歩きやすい靴。1日数十キロ歩くとなれば、ほぼ確実にマメはできる。

雨具も必需品。ポンチョのようなものが、一般的にはよく使われている。

小さなライトもあったほうが便利だ。遠距離を歩くためには、まだ暗いうちに出発する必要に迫られることもある。

また夏のスペインの日射しは予想以上に強い。帽子もぜひ用意しておきたいところ。ただし峠越えの時などは、真夏でも長袖シャツが必要なくらいに冷え込む。寒暖の差が相当に激しいことは頭に入れておこう。

ちなみに巡礼のシンボル、帆立貝を身につけていれば、現地の人は親切にしてくれることが多いので、ぜひオススメ。

バス、タクシー、レンタカーの利用

すべての行程を歩くのが厳しいという人は、鉄道やバスを併用して移動することも、もちろん可能。ただし鉄道にしてもバスにしても、都市間を結ぶ路線が中心。必ずしも巡礼路に沿って運行しているわけではない。事前に綿密な計画を立てられるほどの正確な運行も期待しないほうが無難だろう。バスの運行状況については、各地のバスターミナルで確認すること。

タクシーについては、スペインの場合、信頼性、安全性は高い。初乗りの値段は、都市によって違うが、ほぼ1ユーロ前後で、日本よりもずいぶんと安い。

レンタカーも、都市部のレンタカーオフィスで借りることができる。ただし乗り捨てねばならない場合が多くなるだろう。レンタカーを利用するための条件は、21〜25歳以上であること（レンタカー会社によって異なる）、1年以上の運転経験があること、国際免許証を所持していること。空港や一流ホテルでも予約はできる。ちなみにスペインではオートマ車はほとんどない。マニュアル車となることは覚悟すること。

終点のサンティアゴ・デ・コンポステラで証明書をもらうための条件は、徒歩で100キロ以上、自転車だと200キロ以上だ。

ホテル

スペインのホテルは、設備や規模によって一つ星〜五つ星にランク付けされている（五つ星が最高級）。予約は空港または駅にある予約カウンターでできる。観光案内所

tiago en ESPAÑA
SANTIAGO
El sepulcro de Santiago es el origen y la meta de las Peregrinaciones jacobeas.
FRANCIA
パレンシア
ブルゴス
リオハ
ナバーラ
サラゴサ
ウエスカ
ログローニョ
リバデセジャ
アリオンダス
コバドンガ
トレラベガ
サンタンデール
ラレド
ビルバオ
ゲルニカ
デバ
サンセバスチャン
セガマ
アルサスア
サルバティエラ
レイノサ
アギラール・デ・カンポ
ビトリア
リオ・エブロ
リオ・エブロ
パンプローナ
ロンセスバリェス
スビリ
カンフラン
ソンポート
ハーカ
レイレ
ハビエル
サングエサ
エウナテ
オバーノス
プエンテ・ラ・レイナ
エステーリャ
ロス・アルコス
トレス・デル・リオ
ログローニョ
クラビホ
カラオラ
トウデラ
サラゴサ
ナヘラ
リオ・ナヘリージャ
サン・ミジャン・デ・ラ・コゴージャ
サント・ドミンゴ・デ・ラ・カルサダ
リオ・オハ
カステルデルガド
ベロラド
ビリャフランカ・デ・モンテ・デ・オカ
サン・フアン・デ・オルテガ
リオ・アルランソン
タルダホス
ブルゴス
カストロヘリス
フロミスタ
カリオン・デ・ロス・コンデス
リオ・カリオン
リオ・アルランサ
キンタニージャ・デ・ラス・ビニャス
サント・ドミンゴ・デ・シロス
A
旅程表、キロメートル
宿屋のある街
赤色の街は鉄道アリ
アドゥアナ・アルネギィ
バルカルロス
ロンセスバリェス
プエルト・デ・ソンポート
ハーカ
サングエサ
パンプローナ
プエンテ・ラ・レイナ
エステーリャ
ロス・アルコス
トレス・デル・リオ
ログローニョ
ナヘラ
サント・ドミンゴ・デ・ラ・カルサダ
カステルデルガド
ベロラド
ビジャフランカ・モンテ・デ・オカ
サン・ファン・デ・オルテガ
宿泊は教会だけ
ブルゴス
タルダホス
カストロヘリス
フロミスタ
カリオン・デ・ロス・コンデス
36.5
19.0
22
27.2
9.8
22.5
12.0
10.8
9
11
19
26
17.2
7.3
18.5
20
23
40
37
70.5
29.5

《スペインのサンティアゴ巡礼路》作　池田宗弘

【ブック・デザイン】
白畠かおり

【地図製作】
白砂昭義（ジェイ・マップ）

◆

本書は『芸術新潮』1996年10月号特集「スペイン巡礼の旅」を
再編集し、増補したものです。
「神ともにいまして……」（檀ふみ）は書下ろし。
また情報は1996年8月および2001年9月の現地取材に、
2002年5月時点のデータを追加したものです。

とんぼの本

サンティアゴ巡礼《じゅんれい》の道《みち》

発行　2002年 6 月25日
4 刷　2011年12月10日

著者　檀《だん》ふみ　池田宗弘《いけだむねひろ》　五十嵐見鳥《いがらしみどり》　ほか
発行者　佐藤隆信
発行所　株式会社新潮社
住所　〒162-8711　東京都新宿区矢来町71
電話　編集部　03-3266-5611
　　　読者係　03-3266-5111
http://www.shinchosha.co.jp
印刷所　錦明印刷株式会社
製本所　加藤製本株式会社
カバー印刷所　錦明印刷株式会社

乱丁・落丁本は、ご面倒ですが小社読者係宛お送り下さい。
送料小社負担にてお取替えいたします。
価格はカバーに表示してあります。
ISBN978-4-10-602092-6　C0326